区域国别研究·**通识系列**

中国（昆明）南亚东南亚研究院

陈 茜 等 —— 编著

文 莱
热带雨林中的翡翠王国

BRUNEI

The Emerald Kingdom
in the Tropical
Rainforest

社会科学文献出版社

SOCIAL SCIENCES ACADEMIC PRESS (CHINA)

文莱首都斯里巴加湾市 （赵凯莉 摄）

奥玛尔·阿里·赛里夫汀广场

奥玛尔·阿里·赛福鼎清真寺

文莱马来奕区
中华总商会建筑外观
（赵凯莉 摄）

文莱斯里巴加湾市商场 （赵凯莉 摄）

携手周边国家　共创美好未来

　　当前，百年变局向纵深演进，世界进入新的变革期，世界之变、时代之变、历史之变正以前所未有的方式展开，不确定、不稳定、难预料因素增多。面对波谲云诡的国际形势、错综复杂的周边环境、艰巨繁重的改革发展稳定任务，不断提高知外能力，准确认识世界发展大势，正确把握中国发展新的历史方位，科学研判世界形势变化和人类社会发展规律，是营造中国式现代化建设良好外部环境和推动构建人类命运共同体的迫切需要。

　　纵观人类历史，世界发展从来都是各种矛盾相互交织、相互作用的综合结果。习近平总书记指出，"认识世界发展大势，跟上时代潮流，是一个极为重要并且常做常新的课题"。加强面向南亚东南亚和环印度洋地区的区域国别研究，特别是深化对该地区国家的基础研究、战略研究和应用研究，深化对该地区不同国家的政治、经济、文化、社会、军事、人文、地理、资源等的全面研究，是贯彻落实习近平外交思想，为国家发展提供智力支持、为对外工作提供有力支撑、为经济社会发展提供咨询建议、为世界和平发展与全球治理体系完善提供公共产品的重要举措，对于推动中国与南亚东南亚和环印度洋地区文明交流互鉴、活跃民间交往、促进友好往来、推动政治互信、加强经济合作共赢、构建中国与南亚东南亚和环印度洋地区命运共同体等，都具有重大现实意义。

　　我国幅员辽阔、边界线长，周边是实现发展繁荣的重要基础、维护国家安全的重点、运筹外交全局的首要、推动构建人类命运共同体的关键。南亚东南亚国家和环印度洋地区是我国重要的周边国家和地区，是建设周边命运共同体的重中之重的国家和地区。习近平总书记强调，"要聚焦构建周边命运共同体，努力开创周边工作新局面"。我们要以全球视野审视南亚东南亚和环印度洋地区，以习近平新时代中国特色社会主义思想，特别是习近平外交思想为指导，高举人类命运共同体旗帜，紧扣党和国家工作大局和中心任务，统筹好中国面向南亚东南亚和环印度洋地区的国内国际两个大局、协调好发展安全两件大事，建设好和平、安宁、繁荣、美丽、友好"五大家园"，坚持与邻为善、以邻为伴，坚持睦邻、安邻、富邻，弘扬以和平、合作、包容、融合为核心的亚洲价值观，推进高质量共建"一带一路"，捍卫好安危与共、求同存异、对话协商的亚洲安全模式，携手南亚东南亚国家和环印度洋地区共创美好未来。

中国（昆明）南亚东南亚研究院是我国区域国别研究领域的新型智库。下设东南亚研究所、南亚研究所、印度研究所、孟加拉国研究所、越南研究所、老挝研究所、缅甸研究所、泰国研究所等，还设有巴基斯坦研究中心、柬埔寨研究中心、云南省南亚东南亚区域国际传播研究所等研究平台，主办《云南社会科学》《南亚东南亚研究》学术期刊和《华夏地理》杂志。建院以来，中国（昆明）南亚东南亚研究院在孟中印缅经济走廊建设、中南半岛经济走廊建设等领域形成了一大批在国内外有重要影响的研究成果，打造了"中国－南亚东南亚智库论坛""中缅智库高端论坛"等系列双多边智库交流品牌。

为了深入学习贯彻习近平外交思想、中央周边工作会议精神和习近平总书记考察云南重要讲话重要指示精神，加强面向南亚东南亚和环印度洋地区的区域国别基础研究，更好地为党和国家推进中国面向西南开放的大局服务，加快推进专门研究南亚东南亚和环印度洋地区的新型智库建设，中国（昆明）南亚东南亚研究院组织编撰"区域国别研究·通识系列"丛书，涵盖南亚东南亚及环印度洋地区相关主要国家，旨在为读者提供一套专门面向南亚东南亚和环印度洋地区的资料翔实、信息准确、通俗易懂的图书，提供一套让读者认识、了解、走近和热爱南亚东南亚和环印度洋地区国家的案头必备之书，为促进中国与南亚东南亚和环印度洋地区文明交流互鉴作好桥梁和纽带，是为序。

中国（昆明）南亚东南亚研究院

2025 年 4 月

目　录

前　言

　　文莱是加里曼丹岛（也称"婆罗洲"）北岸的和平之国，是赤道上的华丽翡翠，以美丽的自然景观闻名于世。在文莱，你可以见到茂密的热带雨林、广袤的沼泽地和辽阔的海岸线。这个富裕而神秘的国家有无限魅力。大众对文莱的印象或许为"石油资源丰富""东南亚小国""富裕"，其实这个迷你王国从自然环境到社会文化，再从国家体制到经济发展，都独具特色。

　　从历史悠久的渤泥古国演变至今日的文莱，这个坐落在东南亚的王国以其政通人和和无限潜力，在世界舞台上展现出独特的魅力。早在公元7世纪，这片土地上就已经发现了人类的足迹。这里凭借得天独厚的地理位置，发展成为东南亚地区一个重要的贸易港口城市。当时，来自中国、印度、马来亚等地的商人和移民共同促进了文莱的繁荣与发展。15世纪，伊斯兰教在这片土地上生根发芽，迅速传播开来，最终成为文莱的国教，为这片土地注入了新的活力。随后，文莱在16世纪进入了鼎盛时期，疆域辽阔，一度扩展至马来半岛、菲律宾南部以及加里曼丹岛的广大地区。那时的文莱经济繁荣、文化昌盛，成为东南亚地区的一颗璀璨明珠。19世纪，殖民者的铁蹄踏上了这片宁静的土地，文莱遭受外来侵略。殖民者侵占土地，抢夺资源，使文莱的领土主权与政治独立性遭受严重侵害，文莱被迫成为英国的"保护国"。历经风雨，文莱终于在百年后迎来了独立的曙光。在苏丹的英明领导下，文莱民众摆脱了殖民统治的枷锁，重新获得了国家的主权。独立后的文莱在国际舞台上崭露头角，积极与东盟其他国家展开合作，与世界各国建立外交关系。如今的文莱经济繁荣，文化昌盛，充满活力，努力向更加美好的未来迈进。

文莱有"东方威尼斯"之称，四十五万人会聚在一起，四大区域各具特色，海陆空交通畅通无阻。在这个美丽的国度，可畅游水村，参观王宫、博物馆、清真寺、森林公园。完善的交通和通信基础设施，为居民和游客提供了便捷的方式来探索、认识这个充满魅力的王国。交通方面，文莱的公路犹如一条条充满活力的脉络，巧妙地使国内的主要城市紧密相连，确保了居民和游客的便捷出行。能快速抵达目的地的出租车，独具特色的"水上出租车"，经济实惠、适合长途旅行的巴士，为民众提供了多样化的出行选择。文莱的机场设施完善，繁忙的国际航班确保文莱与世界各地快速连接，为国内外游客提供优质的服务。完善的交通设施和服务体系，共同构筑了文莱高效、便捷的交通网络，让民众前往其他地区或国家变得轻而易举。文莱的港口在国际贸易和经济发展中扮演着至关重要的角色，不仅促进了文莱与其他国家和地区的贸易往来，还为文莱的能源出口提供了便利，为国家的经济增长和繁荣作出了重要贡献。通信方面，文莱有覆盖全国的电话和移动通信网络，互联网接入便捷，邮政服务也运作良好。完善的基础设施使文莱成为一个宜居和宜游的国家，吸引着世界各地的人们前来探索其自然之美和独特的文化。

真主之意，君主之治。在这个政教合一的国度，苏丹受到万民拥戴，马来化政策管理使这个国家秩序井然。国家纲领是国家发展的蓝图和指南，它明确了国家的发展方向、目标和路径，为政府决策提供科学、系统的指导。通过制定纲领，国家可以集中力量和资源，有针对性地解决发展中的重大问题，推动经济社会持续健康发展。文莱自 1984 年 1 月 1 日独立之日起正式宣布认定"马来伊斯兰君主制"

（Melayu Islam Beraja，MIB）为国家纲领。MIB 的内涵为：国家维护马来语言、文化和风俗的主体地位，在全国推行伊斯兰法律和价值观，王室地位至高无上。该纲领将伊斯兰教确认为文莱国教，反对政教分离。文莱绝大多数居民都是穆斯林，对于文莱人来说，宗教不仅仅是一种信仰，更是一种生活方式和身份认同，政府尊重并保护国民的宗教信仰自由，同时也在一定程度上将宗教融入国家的政治和社会生活中，有力地维护了国家的稳定和统一。

被称为"东方石油小王国"的文莱拥有什么样的财富秘诀呢？这个坐落在东南亚的小国因丰富的油气资源而名扬四海。油气产业的巨大贡献使文莱的人均国民收入极高，文莱跻身世界上最富有的国家之列。文莱政府深知过度依赖油气产业可能会使国家经济面临国际能源价格波动的风险，为了降低依赖程度，文莱政府积极探寻经济多元化的发展路径，鼓励其他经济部门的发展。在这片和平繁荣的土地上，文莱民众享受着高品质的生活。政府为民众提供了全方位的社会福利，包括通信设施、医疗保健、义务教育、住房援助、社会援助以及国家退休金等。这些福利政策不仅提升了人民的生活质量，也彰显了政府对民众福祉的深切关怀。除此之外，文莱还非常重视文化、艺术和体育事业的发展。政府通过资金支持和政策引导，促进传统文化的传承和创新，同时也鼓励民众积极参与各类文体活动，丰富精神文化生活。这一综合的福利和发展策略，确保了文莱国内居民的福祉。更重要的是，文莱政府始终致力于不断改进和增加这些福利措施，以满足日益增长的社会需求，致力于延续国家的繁荣与和谐。

文莱多元文化的交织展现出独特魅力，二十多个民族的交融共生仿佛一幅多姿多彩的画卷，在神圣国教的影响下，文莱的宗教文化色彩与马来民族的传统文化色彩交织成这幅浓墨重彩的画卷。踏入这片土地，你会被文莱人温文尔雅的问候打动，这不仅是他们待人的基本礼节，更是其国家祥和氛围的缩影。除了人与人之间的温情，文莱美食有其独特的口感和风味，让你在品尝的过程中也能感受到文莱的热情与活力。文莱生活的生动展现，是身着精美绣花纱笼与华丽套装的人们在传统音乐的伴奏下翩翩起舞。在这里，你可以看到各种服饰元素的碰撞与融合，它们既是各个民族和宗教的标识，也是文莱多元文化共存的象征。文莱的社会是一个具有包容性的多元化集合体。这里的居民有不同的宗教等文化背景，主要包括马来人、华人、印度裔人等。尽管他们的文化背景各不相同，但文莱政府始终坚持尊重和容纳不同文化，使文莱成为一个多元文化共存的国家。在文莱，家庭、社群和宗教价值观是社会的重要支柱。这些价值观在日常生活中得到了充分体现，无论是在家庭聚餐、社区活动还是宗教仪式中，都能感受到这些价值观的影响力。文莱社会注重相互尊重与和谐共处，这使不同民族和宗教信仰的人们能够在这里和谐相处，共同为国家的繁荣和进步贡献力量。在保护和传承本国文化传统的同时，文莱也积极吸收和融合外来文化元素。这种开放包容的态度使文莱的文化更加丰富多彩，也为其成为一个具有世界影响力的国家奠定了基础。

在数字时代的浪潮中，文莱以构建智慧国家为发展目标，自 21世纪起，便积极投身于数字化发展的征程。政府加大了对数字化转型的投资力度，并制定了一系列扶持政策，以全面推动文莱向数字化社会迈进。在这一过程中，文莱政府主要聚焦于数字化基础设施的建设与完善，力求打造高效稳定的网络环境。同时，文莱政府积极推动数字经济的发展，以技术创新驱动经济增长。此外，文莱政府致力于数字化服务的普及，让更多人享受到数字化带来的便利。《数字经济总体规划 2025》作为文莱"智慧国家"目标的核心战略规划，承载着引领文莱迈向数字化未来、实现全面转型的宏伟愿景。该规划不仅是对文莱数字经济未来发展蓝图的描绘，更是对技术革新、产业升级和社会变革的深刻洞察与全面布局。在规划中，文莱政府明确提出了数字经济领域的发展方向和重点任务，涵盖了基础设施建设、产业创新、人才培养、政策环境支持等多个方面。首先，文莱将加强数字化基础设施建设，包括增加互联网带宽、优化通信网络、构建数据中心等，为数字经济的发展提供坚实的物质基础。其次，文莱将推动产业创新，利用数字技术对传统产业进行改造升级，同时培育新兴的数字产业，如大数据、云计算、人工智能等，为经济增长注入新的动力。此外，文莱还将加强人才培养，建立完善的数字化人才培训体系，吸引和培养一批具备高度专业素养和创新精神的数字化人才，为数字经济的发展提供人才保障。《数字经济总体规划 2025》的实施为文莱的数字化转型提供明确的指导和支持，推动文莱在数字经济领域取得更加显著的成果。通过该规划的引领和推动，文莱有望在短期内实现数字化转型的跨越式发展，为文莱的经济社会发展注入新的活力。

　　文莱始终秉持和平、尊重与合作的国际交往原则。国家间的和谐共处对于地区乃至全球的繁荣稳定至关重要，文莱始终将和平与多边合作置于外交战略的核心地位，尊重他国主权，坚持通过外交渠道和平解决争端。作为东盟的一员，文莱积极参与地区和国际事务，致力于推动东盟内部的团结与合作，共同维护地区的和平与稳定。它倡导和平与稳定，强调通过对话和协商解决分歧，反对任何形式的冲突和对抗。同时，文莱也积极支持多边主义，参与多个国际组织，为国际秩序的稳定贡献自己的力量。在宗教和文化方面，文莱展现了极高的宽容度和极强的包容性。它尊重各种宗教信仰和文化传统，倡导宗教宽容和文化多样性，为不同文化之间的交流与理解搭建桥梁。这种文化多样性不仅丰富了文莱自身的文化内涵，也为国际社会的和平与稳定提供了重要支撑。文莱的外交政策着眼于与邻国和国际社会建立紧密的关系，为合作与共同发展创造机会。文莱致力于通过外交渠道加强与主要伙伴的关系，包括与东盟其他成员国、英国、美国、法国、德国等的关系，以共同推动经济繁荣和维护地区稳定。在国际舞台上，文莱始终坚持维护自身的国家利益与声誉，为国家的长远发展谋求更多的合作机会和优质资源。

第一章　赤道上的华丽翡翠

文莱，一个坐落于加里曼丹岛西北部的绮丽之国，如同一块镶嵌在热带雨林与碧海之间的华丽翡翠。这片土地饱含宇宙的神韵，拥有大自然的无尽馈赠，更象征着和平与美丽，如诗般承载着古老的传说和当代的梦想。它是丰饶自然的结晶，也是人文精神的归宿。

第一节　加里曼丹岛的富裕国家

文莱如同一块镶嵌在赤道上的华丽翡翠。多样的地形地貌勾勒出它曼妙的身姿；海洋与赤道赋予它多样的生物资源；湿热的热带雨林气候慷慨赠予它洁净的水源；33 个岛屿与其隐秘的历史刻画在它多样的自然与人文风景之上；地壳与板块的运动使它拥有丰富的石油与天然气资源，造就了它辉煌的起点。

一　典型的海岛地形

自古以来，文莱就是一个海洋国家，位于加里曼丹岛西北部，北濒中国南海与文莱湾，东、南、西三面皆与马来西亚的沙捞越（又译"砂捞越""砂拉越"）州接壤，被沙捞越州的林梦分隔为不相连的东西两部分，形成"W"状。①东部地势较高，多丘陵山地，西部地区则多沼泽。

---

① 马金案、黄斗主编《文莱国情与中国－文莱关系》，世界知识出版社，2008，第 5 页。

1

　　文莱的壮丽国土是海洋与陆地的和谐交织。其中，陆地面积大约占了3/4，余下的1/4则是广袤无垠的海洋。陆地部分独特的地貌源于复杂的地质演变。历经百万余年，岩盘在岁月的洗礼下，逐渐形成了今天以砂岩、页岩及黏土为主体的地表结构。这些沉积物不仅构成了文莱的地理骨架，更承载着这片土地六百余年的神奇历史，见证了文明的兴衰更迭。海洋部分展现了截然不同的风貌。文莱的海岸线绵长，大陆架宽广，为海洋生物提供了广阔的栖息地。海底地形相对平坦，海水深度普遍较浅，大多在18米以下，海面宁静而宽广，偶尔的波涛也不过是轻轻拂过，给人宁静祥和的感觉。文莱共有33个岛屿，主要分布于文莱河中下游及河口地区，大多数岛屿上鲜有人烟。这些岛屿如同散落的珍珠，点缀在蔚蓝的海洋之中，为文莱增添了无限的神秘感与魅力。这些岛屿不仅是自然的宝藏，更是文莱文化的重要载体，承载着这片土地丰富的历史与传说。

二　温柔的水乡密语

　　文莱全称为文莱达鲁萨兰国（Negara Brunei Darussalam），Darussalam本为阿拉伯语，英译则为"Abode of Peace"，有"和平之邦"之义。水是万物之源，在文莱的众多河流中，除了马来奕河、都东河、淡布隆河，文莱河这条见证着文莱悠久历史，承载着文莱和平生活的温润河流，是必须提到的。文莱河是文莱的母亲河，她由南向北流经摩拉区，在斯里巴加湾市附近流入大海。[①]文莱河的上游覆盖着大面积的热带原始森林，这是文莱淡水资源的储备地；河流上引人注目的水上民居，让文莱享有"东方威尼斯"的嘉誉。文莱大部分地标建筑均坐落在文莱河沿岸，在仲夏的夜色下，它们跳动的灯影，仿佛在应和着这条古老河流的喃喃密语。

---

① 刘新生、潘正秀编著《列国志·文莱》，社会科学文献出版社，2005，第5页。

在文莱，自由是具象化的。假若我们化身为一只鸟、一条鱼，甚至一阵风，便能体会到文莱的自然地理特色：站立在茂盛的树木枝干上，领略文莱的雨林风光；洄游在岛屿和珊瑚之间，感受阳光照射海底的静谧；掠过青翠水乡，拂过船夫满是汗水的额头，将文莱河上的炊烟带向宇宙的角落。文莱还有浓郁的伊斯兰人文风情，游走在斯里巴加湾市，不仅能看到努鲁尔·伊曼王宫（Istana Nurul Iman）这一世纪性的宫殿，还能看到奥玛尔·阿里·赛福鼎清真寺（Omar Ali Saifuddien Mosque）、哈桑纳尔·博尔基亚清真寺（Jame'Asr Hassanil Bolkiah Mosque）、文莱博物馆、文莱王室礼仪博物馆（Royal Regalia Museum）等极具异国风情的人文景观。

三　储量丰富的油气资源

文莱，这个曾经被贴上"东南亚贫穷落后农业小国"标签的国家，如今却因其丰富的能源而焕发出勃勃生机。20世纪20年代文莱在马来奕区诗里亚镇首次发现石油，20世纪60—70年代又探明大规模石油与天然气，文莱的经济结构由此发生了翻天覆地的变革。如今的文莱被誉为"东方石油小王国"，其石油和天然气储量之丰富令人瞩目。这些天然的能源宝藏，不仅为文莱带来了巨大的经济收益，更使其在国际能源市场上占据了一席之地。文莱凭借出口原油、石油产品和液化天然气，成功拉动了国家经济的马车，驶上了繁荣富强的道路。世界银行的数据显示，2023年文莱的全国GDP为151.3亿美元，人均GDP更是达到了3.34万美元，[①]这一数据足以证明文莱的经济实力和国民生活水平。

值得一提的是，文莱不仅经济实力雄厚，而且社会福利制度完善。这个仅有45.25万人口的国家，不仅免除了公民的个人所得税和

---

① "Brunei Darussalam," World Bank Group Data, https://data.worldbank.org/country/brunei-darussalam，最后访问时间：2024年11月11日。

销售税，而且教育和医疗全部免费。^①这些福利政策的实施，使文莱民众能够享受到更高质量的生活，同时也为国家积累了大量的财富。这片土地蕴藏的石油与天然气，不仅是文莱经济腾飞的基石，更是文莱民众幸福生活的源泉，为文莱民众带来了富裕的生活。文莱正以其独特的魅力，以这幅由石油和天然气绘就的富饶画卷，吸引着世界的目光。

第二节 互不相连的神奇国土

文莱位于加里曼丹岛北部，是世界上国土面积最小的国家，不仅被中国南海和马来西亚完全包围，而且被属于马来西亚沙捞越州的林梦地区分隔成完全不相连的东西两部分。^②

一 互不相连的国土从何而来

追溯历史，10世纪末11世纪初是文莱最辉煌的时期，其国土面积甚至覆盖了整个加里曼丹岛，并一度扩张到菲律宾南部。16世纪中叶以后，随着地理大发现和新航路的开辟，西方把资本掠夺的船头转向了古老却辽阔、富饶的东方。文莱因其特有的海洋区位、森林与油气资源为西方列强所关注，国土被分割。

16世纪中叶，文莱丰富的资源吸引了葡萄牙、西班牙、荷兰、英国等国的目光。这些国家相继入侵文莱，通过战争、贸易等手段逐渐蚕食文莱的领土。文莱的国土原本包括沙捞越和沙巴的部分地区，沙巴在1888年成为英国的殖民地，在历史演变过程中逐渐被邻国马来亚控制，成为马来亚的一部分。18世纪英国殖民势力增强，

---

① "Brunei Darussalam," World Bank Group Data，https://data.worldbank.org/country/brunei-darussalam，最后访问时间：2024年11月11日。
② 潘正秀：《文莱史纲》，世界图书出版公司，2019，第1页。

对文莱的入侵更为频繁和严重，占领了文莱的林梦地区，将文莱分割成了两部分。领土的变迁和转移，进一步加剧了文莱国土的分散状况。经过长期的民族反侵略斗争，20世纪50年代后期，文莱成立了人民党。该党带领民众开展革命，最终在1984年底实现了完全独立。文莱的这种国土分布形态不仅增加了其独特的地理魅力，也为其带来了丰富的海洋资源和旅游资源。尽管国土分散，但文莱政府通过有效的管理和规划，充分利用了这些资源，推动了国家的经济发展和社会进步。

二　以林梦为界

20世纪以来，随着马来亚独立，马来西亚建国，文莱和马来西亚针对领土争端问题进行了多次谈判，最终达成共识。两国争议领土包括海陆两部分，其中陆上部分就是将文莱一分为二的林梦地区的归属问题。1987年，两国就领土争端问题进行了几次会谈。1989年，两国正式召开针对解决领土问题的双边会晤。1992年2月，两国经过协商同意成立联合委员会，共同对海上资源进行勘探。2006年，两国决定通过和平谈判的方式来进行边界划分。文莱和马来西亚同意通过互换书讨论解决两国的陆地边界问题。互换书中两国表示愿意以自然分水岭原则划分两国的陆地边界线，同时将通过联合委员会来解决领土划分的细节问题。2009年3月16日，两国领导人在文莱首都斯里巴加湾市签署互换书；17日，在林梦地区问题上，文莱表示正式放弃对林梦地区的领土要求，两国正式划分了陆上领土边界。自此，文莱正式被林梦地区分成了两个部分，林梦西部为文莱－摩拉区、都东区和马来奕区，林梦东部为淡布隆区。关于文莱与马来西亚间复杂曲折的历史，后文有更加详细的回顾与讲解。

三　跨海大桥的诞生

淡布隆跨海大桥是连接文莱本土和淡布隆区的重要枢纽工程，对文莱的社会经济发展具有极为重要的意义。2016 年 1 月 16 日，文莱淡布隆跨海大桥工程举行开工庆典，文莱苏丹哈桑纳尔出席庆典。淡布隆跨海大桥的建设面临诸多挑战，工程地处沼泽湿地，为了将对环境的影响降至最低，施工团队创造性地采用了"钓鱼法"施工工艺。这种工艺可确保所有的机械设备"零着陆"，不触碰沼泽地面，不破坏雨林植被。桥梁桩基、T 梁架设等工序都在"移动钢平台"上完成，各工序之间衔接紧密，以确保工程的顺利进行。

淡布隆跨海大桥的建设不仅克服了技术上的难点，也取得了显著的成果。大桥总长约 30 公里，中建六局承建的大桥 CC4 标段全长约 11.8 公里，其中有 11.6 公里是穿越森林和沼泽地的高架桥。这座大桥的建成将文莱 – 摩拉区、淡布隆区两个大区之间的车程由原来的 2 小时缩短至约 15 分钟，极大地提高了交通效率。淡布隆跨海大桥是一项技术精湛、充满创新的工程，它的成功建设不仅使文莱本土和淡布隆区连接起来，也为文莱的社会经济发展注入了新的活力。

第三节　热带雨林的慷慨馈赠

热带雨林赐予文莱的，不只是那一抹沁人心脾、幽深静谧的绿。热带雨林还馈赠给文莱丰沛的雨水，一滴滴甘霖滋润了文莱土地上一片片茂林密树。热带雨林就像一颗祖母绿宝石般，镶嵌在文莱的王冠之上。这颗宝石宛如宫崎骏动画里的大自然内核，让这个精致小国时刻展现出氤氲而又充满活力的气息。文莱与大自然的互动深藏在雨水中，流淌在叶脉里，飘荡在空气之间，最后落在每一个自由生长的动植物身上。热带雨林中丰富的生态资源也是这抹绿色背后深藏的宝藏。

一 雨水——"万物之源"

文莱地处靠近赤道的热带雨林气候区，因常年气温高、蒸腾作用强而形成多雨的气候特点。文莱年平均气温约为28℃，全年温差较小，旱季不明显，一年中只有三个星期的无雨天气。在这三个星期里，没有云层的遮挡，阳光肆意释放它的能量，使文莱晴空万里。在文莱，每年3月至8月，天气炎热，降水量相对较小；10月至次年2月，太阳直射范围转移至南半球，因此气温较低，天气转为凉爽，但降水量仍较充沛。文莱沿海的年降水量为2500毫米，内陆则在5000毫米以上。由于地面海拔较高，而季候风对降水量影响又不大，因此文莱雨水充沛，有时还会出现倾盆大雨，雨流如注，几小时内河水能够急速上涨100厘米。[①]

文莱是典型的海岛国家，其陆地架是延伸入海的，因此文莱会受到潮湿海风的影响，经常下雨，且由于蒸发旺盛，降水量也较大，故湿度较高，年平均相对湿度在67%—91%。[②]文莱地处赤道边缘，但由于加里曼丹岛上空的云层极大地缓和了阳光的直射，故气温不算太高，变化也不明显，丘陵地带深夜时还有凉意，丝丝晚风令人感到凉爽、舒适。

二 森林——"绿色之国"

占有绝对面积优势的大片热带雨林，使林业资源成为文莱最主要的生物资源。文莱的森林面积为46.9万公顷，属热带雨林，森林覆盖率为72.11%，有11个森林保护区，86%的森林保护区为原始森林，总面积为2355平方公里，占陆地面积的41%，其中有55%为从未采伐过的原始森林。加之文莱本身是海岛国家，海洋气候特征明

---

① 马金案编著《文莱经济社会地理》，世界图书出版公司，2014，第2—3页。
② 马金案编著《文莱经济社会地理》，世界图书出版公司，2014，第3页。

显，常年多雨高温，这种空气湿度与阳光的绝佳配合，让文莱的植物旺盛生长。

在文莱丰富的植物资源中，大部分是木本植物，树种超过5000种。草本植物和灌木主要生长在沿海一带，红树属植物则生长在浅水区，如一些泥泞的海岸和河湾里。都东区、马来奕区、淡布隆区各河上游地区的树木质最好，树身高大，通常在18米以上。文莱的树林按其分布特点主要有以下几类：红树林主要分布在与海平面差不多的低地上；常青灌木石楠树林通常分布在海拔不到100米的泥沙冲积的土壤上，还有一些石楠树则生长在地势较高的淡布隆区的沙石山坡上；泥炭沼泽树林主要生长在河流两岸的低地上，它们被分布在海岸边的红树林和石楠树林分割开；混合林则紧挨着泥炭沼泽林，一直延伸到海拔1280米以上。除此之外，文莱相当注重雨林的保护，环保部门制定了许多保护森林的政策，包括限制森林砍伐和原木出口、施行"砍1树，种4树"和每年10万立方米限额伐木政策等。[1]在文莱，热带雨林的每一份馈赠都得到了珍视。

三　动植物——"生命之境"

海洋赋予文莱的湿润与赤道地区太阳的长年直射，水与光的绝佳配合，造就了文莱境内旺盛的生命气息。文莱湿热的气候利于以热带雨林为代表的各色植物的生长，使得其境内有大面积的森林，约占文莱国土面积的一半，其中2000余平方公里的原始森林无异于大型的"生物王国"。这里不仅有整个东南亚保存得最好的红树林，还有菩提树、石楠树等大量珍稀树种。

文莱坐拥大面积的热带雨林，海岸线与河流交错，成为众多野生动物的庇护所。文莱不仅有犀牛、野象、猿猴、鹿等大型野生哺乳动

---

[1]　马金案编著《文莱经济社会地理》，世界图书出版公司，2014，第4页。

物，其连绵的沼泽与河湖中还存在鳄鱼、蜥蜴与蛇类等爬行动物。除此之外，雨燕、犀鸟等鸟类也选择让自己的羽毛落在这一片"福泽的生命之境"。在海洋生物方面，文莱有赤道营造的适宜温度，海水平静且含盐度较低，因此拥有丰富的渔业资源，如可利用价值极高的鱼虾、水獭、蟹类等，这些是文莱海岸线上独特的生物宝藏。

第二章　穿越战火走向和平

　　文莱，古称"渤泥"或"浡泥"，自古为酋长统治。15世纪，随着伊斯兰教的传入，文莱建立了苏丹国。在1500多年的历史长河中，文莱曾经有过一统十四个州的强盛时期，但在西欧殖民者的攻势下日渐衰退，终于又在苏丹的带领下走向独立。文莱一世苏丹的弟弟继承王位后，兴建清真寺，广受民众爱戴。后来三世苏丹励精图治，文莱国际贸易兴盛，百姓安居乐业，一片祥和。15世纪末，四世苏丹之子五世苏丹继位。在五世苏丹的指挥下，强大的舰队开疆拓土，威武的军队远征爪哇、马六甲、吕宋等地，文莱国力空前鼎盛。16世纪，西方殖民者的入侵导致文莱国力衰弱，文莱民众陷入水深火热之中。文莱的领土被西方国家与邻国蚕食，其版图缩小。19世纪末，文莱沦为英国"保护国"。二战期间，文莱又被日本占领，文莱的发展遭到严重的阻碍。20世纪50年代后，文莱经历了婆罗洲联邦风波，国内政治形势出现新变化，在文莱人民党的带领下，国家逐步走向独立，开启了和平的新征程。

第一节　"统领十四州"的强盛时期

　　麦哲伦的船队曾经在16世纪到达文莱，与他同行的西班牙人安东尼奥·皮加费塔在《首次周游世界》一书中记录了当时文莱的盛况。皮加费塔惊叹于文莱的富庶、军事实力的强大和王室贵族生活的奢华。据该书的记载，"整个城市都是水城，房屋都搭建在高桩之上，当地盛产肉桂、柠檬、萝卜、黄瓜等，还有大象、奶牛、水牛、马、鹿等动物。涨潮时，妇女们划船在居民区穿梭售卖货物"。[①]文莱生活着 2.5 万余户人家，其特产如香料、燕窝等运往东南亚其他国家乃至全世界，因此文莱古代的经济已因为海上贸易一片繁荣。皮加费塔和麦哲伦受到苏丹所派使者的热情接待，他们与使者交换礼物，两位航海家乘坐大象，在 12 名侍从的护卫下到达总督府。晚宴后，两位航海家在总督府过夜。在皮加费塔的笔下，文莱总督府的卧具十分豪华，均为丝制品，丝绸的亮泽与柔软让人尽享舒适。翌日，两位航海家前往文莱王宫，途中有全副武装的人员列队，进入王宫后，还有300 多名装备整齐、威武严肃的步兵排成一线，守卫在君主旁。在皮加费塔的记载中，文莱的王宫富丽堂皇，王室贵族的生活极尽豪华奢侈。他们觐见了苏丹后，接受了苏丹所赐的礼物，这些礼物包括名贵丝绸和文莱的金钱、织布。返回总督府后，皮加费塔与麦哲伦享用了由 32 道文莱佳肴构成的盛大晚宴。

　　彼时的文莱已经如此富庶，百姓安居乐业，这得益于五世苏丹博尔基亚的治国有方与海上贸易的发达有序。苏丹作为最高统治者，善于理政，又备受臣民爱戴。鼎盛时期，文莱统领十四个州，国力强盛，疆土辽阔，包括整个加里曼丹岛和菲律宾部分地区。[②]从古至今，中国都是东南亚特产的消费大国。中国的货船从文莱大量转运香料、海产品、林业产品，带动了当地的经济发展，使文莱成为东南亚的海上贸易中心。早在一世苏丹执政时，伊斯兰教就传入了文莱，成为苏丹巩固政权、治理国民、争取独立的文化信仰。16 世纪初期，满剌加国（古马六甲苏丹国，《明史》称其为满剌加国）衰亡，东南亚的伊斯兰教活动中心由满剌加国转移到了文莱，穆斯林商贾也随着宗教中

---

① 俞亚克、黄敏编著《当代文莱》，四川人民出版社，1994，第 30 页。
② 俞亚克、黄敏编著《当代文莱》，四川人民出版社，1994，第 4 页。

心的转移流动到文莱，为文莱注入了经济动力，也使文莱成为东南亚伊斯兰教的传播中心。

第二节 内外夹击下的衰落时期

强盛的文莱国其实充满内斗，其内部有长达 12 年的王位之争，也有激烈的贵族争斗，内部的动乱使国家陷入分裂状态。苏丹政权疏于对较远地区的管控，也加剧了文莱社会的分裂与民族的矛盾。作为东南亚群岛的地理中心，文莱成为南海文明的门户，连通了爪哇岛、苏门答腊岛、马来半岛、菲律宾群岛，且与中国隔海相望。得天独厚的地理位置使文莱在海上贸易中扮演了重要角色，也深刻影响着文莱的政治、经济、文化等的发展，更使文莱难以避免地成为西欧殖民者入侵东南亚的重要目标。

一 手足相残泪满襟

1521 年，文莱五世苏丹逝世，六世苏丹继位，此后七世至九世苏丹都较为重视国防，在文莱首次遭到西欧殖民者入侵时，文莱海军成功抵御了西班牙舰队的攻击。此间一个世纪，是文莱历史上最为强大的时期，亦被称为黄金时代。时至今日，文莱人依旧为自己的这段民族历史感到自豪。十世苏丹逝世后，他的两个儿子为争夺王位互相斗争，加之王室内部骄奢淫逸、贪墨成风，苏丹万人之上的位置频频被觊觎，大臣们互相争夺权力，残酷的文莱内斗就此拉开序幕。1662 年，十二世苏丹阿里处死了首席大臣阿卜杜勒·穆宾之子，穆宾为了报仇，弑君夺位，自立为十三世苏丹。因惧怕十二世苏丹的侄子穆海丁起而攻之、报仇雪恨，穆宾逃离都城，抵达雷克明岛，发动了内战。穆海丁在都城自立为十三世苏丹，并向苏禄求援，在苏禄的帮助下，穆海丁打败了自立为王的穆宾，结束了长达 12 年的内战。但苏丹穆海丁割让文莱湾北部地区给苏禄的答谢之举，成为文莱与苏禄爆发领土之争的根源，更为文莱的分裂埋下了伏笔。与此同时，沙捞越等附属国也趁乱起义，意图推翻苏丹的统治，独立治国，引发了国内的民族矛盾，苏丹的权威受到了极大的挑战，文莱的国力开始衰退。

二 远敌来袭齐抗击

16 世纪初，西欧殖民者的船队渐次抵达东南亚。葡萄牙对文莱虎视眈眈，西班牙也伺机而动，荷兰亦想从中分一杯羹。原本强盛的文莱仿佛被锋利的刀尖划破，陷入内忧外患的境地。葡萄牙舰队初来时，先是攻下马六甲。文莱的海上地理位置优越，对葡萄牙的贸易极其有利，因此，文莱成为葡萄牙的下一个目标。西班牙也在同一时期对文莱发起攻势，其与文莱的攻防过程可谓跌宕起伏。1530 年，西班牙舰队被文莱海军击退后，蛰伏于菲律宾吕宋岛一带，垄断了与中国、印尼马鲁古群岛的贸易，此举威胁到了文莱的海上贸易，直接影响了文莱国内的经济发展，于是文莱和菲律宾吕宋、宿务等地反对西班牙的组织英勇起义，抵抗西班牙的入侵。此外，作为东南亚的伊斯兰教中心，文莱加强宗教传播，通过对社会、民众的整合增强民族凝聚力。

1572 年，文莱派出了大型舰队对战西班牙军队，但舰队因暴风雨被迫返航。一年后，文莱舰队整装待发，但两位文莱贵族极力反对国内军队征讨西班牙，反而向西班牙提供帮助。而西班牙则派出使节与文莱和谈，希望文莱能成为西班牙的附属国，并与西班牙通商，但是，文莱苏丹的两个儿子带着 8000 人组成的庞大舰队出击西班牙，以示反对。行至半途，文莱担忧西班牙趁机进犯首都，还有一说是因为军队内瘟疫肆虐，两位王子决定返航。[1] 西班牙被如此阵仗震慑，

---

[1] G. Saunders, *A History of Brunei*, Routledge, 2013, p.35.

紧急更换了驻马尼拉的官员，最后决定派出弗兰西斯·德·桑德担任新总督和军事指挥官，以和平方式处理文莱问题，必要时才使用武力。桑德再次提出了让文莱作为西班牙附属国的要求，也再次遭到了文莱苏丹的拒绝。

1578 年，桑德率领 400 名西班牙人、1500 名菲律宾人和 300 名加里曼丹岛人再次进攻文莱，并对文莱提出了具体要求。宗教方面，西班牙要求文莱停止在菲律宾和加里曼丹岛上的其他地区传播伊斯兰教，同时允许西班牙在文莱传播基督教，且允许当地民众自由选择宗教信仰；政治方面，西班牙要求文莱停止反抗，对西班牙俯首称臣，依规纳贡。文莱苏丹大怒，处决了桑德的信使，并将俘虏关进监狱，西班牙最终发动武力进攻，凭借先进武器和文莱两位叛变贵族的帮助，一举攻下了文莱首都。为了削弱文莱作为伊斯兰教中心的权威，桑德在 1579 年派人烧毁了棉兰老岛的清真寺，彻底引发了文莱对基督教的抵触，双方由此展开了新的斗争。1586 年，西班牙驻马尼拉委员会谴责了桑德针对文莱的暴行，并表示愿与文莱建立友好关系，但西班牙仍旧希望文莱甘愿成为其附属国。马尼拉的文莱贵族在文莱、苏禄、日本的协助下计划推翻西班牙在马尼拉的统治。虽然计划以失败告终，且七名主导者被西班牙处决，但文莱得以继续在菲律宾南部传播伊斯兰教。1587 年，两名西班牙传教士到摩拉港口传播基督教，搭建临时教堂，文莱的穆斯林试图阻止但无果，更重要的是，两名传教士在宣扬基督教的优点时，诋毁伊斯兰教先知穆罕默德。文莱苏丹大怒，下令诛杀这两名传教士。1588 年，文莱苏丹亲笔致信西班牙驻马尼拉殖民长官，表达了愿意与西班牙和平共处的意愿。1685 年，双方关系完全趋于正常化。

三　短暂复兴国凋零

与西班牙关系正常化后，文莱经历了短暂的复兴，但荷兰、英国又相继入侵了文莱，远敌的入侵与邻国的蚕食致使文莱从强盛的国家沦落为弹丸之地。17世纪，荷兰在加里曼丹岛建立霸权，以东印度公司之名行殖民之实，文莱的海上贸易遭遇竞争。加里曼丹岛南部的坤甸、马辰、三发已经独立成苏丹国，盘踞在吕宋岛多年的西班牙势力与苏禄的崛起也不断挤压着文莱的贸易空间，不仅如此，英国为了获取东南亚的特产与中国市场，想方设法吸引与文莱合作的华商。文莱的贸易市场在多方围堵下衰落，王室内部的权力争夺加速了国家的衰败，最终文莱被英国殖民。

1846年，文莱与英国签订条约，割让纳闽岛，岛上的煤矿资源成为英国海军的战备资源。1847年，文莱又与英国签订《英国文莱友好通商条约》。该条约规定，在贸易方面，文莱所有港口向英国开放，凡进入文莱的英国货物，每吨征收一元文莱币；在公民管理方面，在文英国公民享受最惠待遇，涉及刑事的事件一律由英国驻文莱总领事馆管辖，只有英国人可以移居加里曼丹岛北部。文莱由此沦为英国的"保护国"，苏丹政权的威望日渐衰落，国家领土也不断丧失。二战爆发后，日本入侵文莱，那时的文莱已无任何反击能力，仅仅一周时间就被日军占领。在英国与日本的较量中，枪弹全数落在文莱大地上，对文莱的经济和社会造成了毁灭性的破坏。英国击败日本后，在文莱建立英国军事管理局，1946年，英国恢复了对文莱的控制。

第三节　蓬勃发展的独立时期

二战结束后，文莱的民族意识觉醒，在苏丹的带领下，全国拉开了反殖民的序幕。1950年，二十八世苏丹奥玛尔·阿里·赛福鼎继位，表明了反对英国合并文莱、沙捞越、沙巴的态度与摆脱英国殖民统治的决心。文莱的完全独立分为两步，首先是从英国手中获得相对自治权，其次才是完全独立。在历史长河中，文莱经历了婆罗洲联邦风波、人民党的政变，以及加入马来西亚联邦的失败。在经历了一系列挫折后，独立的旭日终于在加里曼丹岛北岸冉冉升起，当空照耀。

一　尽力争取相对自治权

在为获得相对自治权而斗争的阶段，文莱以建立议事会并制定法律为主要目标，积极与英国进行谈判。英国主要通过派驻殖民官对文莱进行管制，虽然苏丹和国务会议是文莱的最高权力机关，但实际上原定每年召开一次的国务会议根本没有按期进行，拥有话语权的人也是殖民官。文莱苏丹认识到自己的国家不能再以"保护国"的角色运行，于是决定从英国手中夺回自治权。为了实行内部自治，文莱苏丹奥玛尔先是成立了一个对内调查民意、对外收集宪法体制案例的咨询委员会，为起草宪法作准备。随后，他在文莱各区设立了区议事会，议事会成员能够以观察员身份参加国务会议，代表民众表达意愿。

1959 年，文莱苏丹亲自率队远赴英国，与英方就制定新宪法和恢复国家自治的问题进行谈判。苏丹提出，苏丹应为文莱的最高统治者，文莱国内的一切权力都属于苏丹，文莱愿意继续在英国的保护下运行国家机制，但英国驻文莱的官员不再拥有实权。针对宪法草案，苏丹提出，自治后，文莱将自行决定苏丹王位继承的方式，规定摄政王权力，设立首相职位。此外，文莱政府还将设立枢密院、行政委员会、立法院。地方议会将由直接选举产生，地方议员、官员、当然成员组成全国立法院。[①] 英国政府对文莱提出的要求表示同意。不久后双方就签署了新条约，承认文莱脱离英国，拥有自治的权力，但英国仍然有权管理文莱的外交、国防、内部治安。不久后，文莱的首部宪

---

① 刘新生、潘正秀编著《列国志·文莱》，社会科学文献出版社，2005，第 51 页。

法诞生，英国废除了驻扎官制度，派高级专员到苏丹政府任顾问一职。就这样，文莱虽然仅获得了相对的自治权，但在国家独立的征程上已经大步向前。

二　人民党的成立与崛起

1956年，文莱政府分别在首都、各区建立了市或区议会。人民党也于同一年成立，并主张坚决捍卫苏丹王室，因此得到迅速发展，一年后加入人民党的人数已经达到当时文莱成年男性总人口数的75%。[①]获得相对自治权后，文莱面临一个新的问题：是与沙捞越、沙巴共同组成婆罗洲联邦，还是加入马来西亚联邦？虽然人民党表态维护苏丹政权，但二者其实在很多问题上意见都不一致，甚至产生了多重矛盾，成为文莱独立之路上的荆棘。

在文莱是否加入婆罗洲联邦的问题上，人民党的意见与苏丹政府相左。文莱苏丹倾向于加入马来西亚联邦。出于国家地位和经济差异的考虑，苏丹认为加入婆罗洲联邦后若不能享受最高统治者地位，合并的实质就是文莱财富外流以补贴尚未独立且经济条件差的沙捞越与沙巴。而加入马来西亚联邦，有利于文莱提高国际地位，加快独立进程。人民党认为应该注重合并的目的，即实现独立，而不应纠结于合并建立联邦这一手段，马来亚政府成立联邦的动机是支配文莱，使文莱成为其殖民地。双方在矛盾的驱使下对抗，文莱民众因马来亚官员入驻并减少当地民众就业机会而发动了袭击，人民党将此事件发酵，进一步攻击了马来亚政府。在此事件后，人民党的影响力迅速扩大，吸引了数万人入党。随着人民党的力量壮大，获得参政权、依托民众与议会的支持并阻止文莱加入马来西亚联邦，成为人民党的主要目标。

---

① G. Saunders, *A History of Brunei*, Routledge, 2013, p. 134.

苏丹并不认同人民党的想法，一边新成立了文莱国民党和文莱统一党与人民党抗衡，一边派代表参加了新加坡、沙捞越、沙巴共同召开的协商会议，在批准成立马来西亚联邦的文件上签字。双方的对抗呈白热化。1962 年 8 月，文莱举行了全国首次地方选举。人民党以压倒性优势大获全胜，然后立马要求成立婆罗洲联邦政府，修宪，并联合沙捞越、沙巴的两个政党成立了"反马来西亚同盟"。但文莱苏丹依旧坚持加入马来西亚联邦，并且极力阻止"反马来西亚同盟"议案的通过。人民党直接表明了必要时会使用武力的立场，在 1962 年底发动了政变，逮捕了多名英国驻文莱的顾问官员。文莱苏丹马上宣布进入紧急状态，英国殖民政府也极力镇压人民党，沙捞越和沙巴因为反对武力形式的起义转向支持文莱加入马来西亚联邦，印度尼西亚、马来亚、新加坡却表明支持人民党的起义，使形势更加复杂。由于英国的镇压力度极大，人民党的起义以失败告终，立法会和行政委员会都被苏丹立即解散，苏丹政府与人民党的较量就此全部结束。

三 独立的旭日冉冉升起

人民党的政变平息后，文莱苏丹积极派出官员与马来亚政府交涉。经历多轮谈判，文莱最终放弃签订马来西亚联邦协定。沙捞越与沙巴加入了马来西亚联邦，与文莱彻底分离，文莱的领土范围自此完全明确。1963 年，文莱政府将统一党与国民党以及另外两个小党派合并为文莱联合党。苏丹大权在握，即便英国干涉选举、建立内阁制大臣会议，都没有对苏丹政权造成实质性影响，苏丹仍有绝对权力任命议会成员，君主集权的政治体制基本完全定型。在二十九世苏丹时期，独立的时机悄然到来。

1967 年 10 月 5 日，二十八世苏丹奥玛尔·阿里·赛福鼎宣布退位，其子继位。1968 年 8 月 1 日，二十九世苏丹哈桑纳尔正式加冕，上台后，他迅速展现出了强烈的领导能力和改革决心，使整个国家都感受到了希望和变革的气息。苏丹哈桑纳尔非常注重文莱的防务问题，聚焦驻军问题与完全独立问题，与英方积极交涉。他一方面希望文莱能够完全独立，另一方面又担心自己的武装力量不足，内部体制不健全。自 1888 年起，文莱的防务一直依赖于英国，苏丹对英国立即撤走驻扎军队表示担忧。1971 年，文莱与英国签署了《文莱国苏丹和元首殿下与大不列颠及北爱尔兰联合王国女王陛下关于修订 1959 年协议的友好合作协议》。这是对 1959 年协议的修订，该协议进一步明确了文莱在国防和外交事务上的自主权。新协议规定：

——将原协议中女王陛下派驻文莱代表的名称从"女王陛下高专"改为"英国高专"。

——女王陛下继续享有文莱制定有关对外事务的法律的司法权。女王陛下同意将根据该条款通知苏丹已采取的或即将采取的有关行动。

——为满足文莱国防的基本需要，苏丹将建立、装备和维护维持国内公共治安所需的足够的军队，并使该军队成为文莱对外防务的第一道防线；文莱方面应向女王陛下驻扎在文莱的军队或在苏丹同意下到文莱进行训练或演习的军队提供必要的地位和司法权规定；女王陛下应在英国力所能及之内向为苏丹军队的人事、管理、训练、组织和维持，以及苏丹警察部队的建设提供协助和专家咨询；以维护文莱国防为目的的女王陛下军队或女王陛下受（授）权者可在任何时候自由进出文莱；应建立一个名为"文莱防务理事会"的双方联合常设协调机构，定期或不定期进行接触和沟通。

——协议规定，本质上属于文莱国内公共秩序性质的事务应由苏丹的公共保安部队负责。但在面临外来攻击或威胁时，双方应协商决定分别或联合采取何种措施。在不能分清内部或外来安全问题的情况下，两国政府应商议判定它是否受到外国的控制或支持。①

与 1959 年的"相对自治"相比，1971 年的协议使文莱获得了"完全内部独立"。为实现彻底独立，1978 年，文莱苏丹赴伦敦就主权独立问题同英国政府谈判。1979 年，文莱苏丹与英国外交及联邦事务大臣正式签署《文莱英国友好合作条约》，该条约于 1983 年 12 月 31 日生效。这是文莱彻底独立的前奏。新条约规定：

——文莱同意从 1984 年 1 月 1 日起全面履行作为一个主权、独立国家的全部国际义务。

——决心继续保持两国长期、传统的密切友谊和合作关系。两国关系应以密切友好精神为指导，在认识到它们在本地区的和平与稳定的共同利益基础上，协商讨论涉及双方共同利益的问题，以和平方式解决它们之间的一切分歧。

——女王陛下政府将不再承担文莱政府在外交方面的责任。但英国政府对于文莱政府在处理对外关系时所需获得的外交和领事方面帮助的特定请求将给予同情的考虑，包括：在文莱政府与其没有直接外交关系的国家，或文莱政府与国际组织之间起联系渠道的作用；推动和协助文莱进入它所希望进入的国际组织；在文莱没有设代表的国家通过外交和领事机构向文莱公民提供保护；帮助建立文莱外交机构并训练其人员；向文莱设计和颁发新护照提供咨询。

——应鼓励双方进行学术、科研、文化方面的合作，包括增进双方在文化和语言方面的相互了解；增进双方专业团体和文化

---

① 刘新生、潘正秀编著《列国志·文莱》，社会科学文献出版社，2005，第 60 页。

机构之间的联系；鼓励双方学术、科学和文化交流。

——双方保持现有的商业和贸易领域的密切联系。

——英国政府在文莱政府的请求下，应继续尽力帮助文莱公共部门的人事招聘和人员训练。根据1979年《文莱英国友好合作条约》，英国对文莱外交、安全和防务的保护一直持续到1983年12月31日。①

1984年1月1日，英国彻底放弃了文莱的国防和外交权，文莱最终走向了完全独立。二十九世苏丹在当天发表了独立宣言，坦然面对曾经是英国"保护国"的历史，也底气十足地对外界宣布从当天起文莱成为一个拥有独立主权的国家。之后每年的1月1日，文莱全国都隆重庆祝国家独立。随着1984年文莱宣告独立，文莱皇家军团转型为文莱皇家武装部队，涵盖了陆军、海军、空军、支援司令部和训练学院五大分支。2009年，文莱政府撤销支援司令部，新设立联合部队司令部。目前，文莱皇家武装部队主要由陆军、海军、空军、联合部队司令部和训练学院构成，总兵力约为6000人，其中陆军约有4000人，海军有1300人，空军有700人。此外，还有一支由约2000名尼泊尔雇佣军组成的廓尔喀预备部队。②

在二十九世苏丹的带领下，文莱的政治、社会、经济、文化发展向好，国际影响力不断提升。二十九世苏丹上台后的重要任务之一就是推动经济发展。他实施了一系列经济政策以吸引外国投资，并采取了一系列措施以改善营商环境，其中包括打击官僚主义、简化审批流程、降低税收、建设基础设施等。这些举措迅速吸引了国际资本的

---

① 刘新生、潘正秀编著《列国志·文莱》，社会科学文献出版社，2005，第61页。笔者根据条约原文修改翻译。

② 《文莱国家概况》，中国领事服务网，2024年5月24日，http://cs.mfa.gov.cn/zggmcg/ljmdd/yz_645708/wl_647756/gqjj_647764/200704/t20070416_9304949.shtml，最后访问时间：2024年11月12日。

注意，推动了文莱经济的快速增长。二十九世苏丹还致力于进行社会改革，以提高公民生活水平和福利。他推动了教育和医疗改革，提高了公共服务的质量和效率。此外，他还采取了措施保障妇女权益，促进了性别平等，使文莱的社会风貌焕然一新。作为一位有远见的领导人，二十九世苏丹清楚地认识到腐败对国家发展的危害。因此，他大力推进反腐败斗争，加大了监督和执法力度，建立了更为严密的反腐体系。这些措施有效地遏制了腐败现象，增强了民众对政府的信任。二十九世苏丹还注重保护和传承本国的文化遗产。他提倡文化多样性，并投入资金和资源用于文化教育、保护和传承。通过这些举措，文莱的文化传统得到了有效的保护，为国家的可持续发展奠定了坚实的文化基础。

二十九世苏丹积极推动文莱的外交政策制定与实施，致力于与邻国和国际社会建立良好的关系，加强合作，推动共同发展，通过外交手段使文莱在国际舞台上的声音更加响亮，为国家的利益和发展谋求更多的支持和资源。此外，二十九世苏丹还积极参与国际合作事务，包括推动文莱加入联合国、东盟等国际组织。他倡导多边主义和国际合作，主张通过对话与协商解决国际争端和问题，为世界的和平与发展作出积极贡献。此后，文莱的国际影响力逐渐扩大，在东南亚地区的地位得到提升，成为该地区的重要一员。同时，文莱在国际舞台上的影响力也在不断增强，赢得了更多的国际认可和支持，为国家的发展和稳定营造了良好的外部环境。

第三章 玲珑的"东方威尼斯"

文莱又被称为"东方威尼斯",是一个神奇的国度,宁静、富饶而又绚丽,四十五万人居住于各具特色的四个行政区,交通便利。文莱是崇尚君权的国度,民众对传统文化充满敬意。

第一节 四十五万人竟成一国

文莱的人口相对较少,主要集中在沿海地区,尤其是首都斯里巴加湾市及周边。首都及其周边地区由于经济和政治中心的地位,吸引了大量民众居住,因而成为文莱人口密度最高的区域,而内陆地区人口则相对稀少。石油和天然气产业是文莱的支柱产业,大多分布在沿海,带动了沿海城镇的发展并促进了就业。因此,文莱的经济资源和公共服务设施主要集中在沿海区域,进一步促进了该地区的人口聚集。文莱的人口城镇化率很高,早在 2001 年的人口普查中,全国就已经有 72% 的人口(23.87 万人)居住在城市。[1]2011 年,文莱城镇人口数量占比上升至 75%(30.24 万人),2023 年达到 79%(35.82 万人)。[2]文莱不实行计划生育政策,人口增长顺应自然状态,文莱人有多子多福的观念,因此文莱家庭在已有子女的情况下,也有领养其他

---

① 马金案、黄斗主编《文莱国情与中国－文莱关系》,世界知识出版社,2008,第 3 页。

② 《文莱城镇人口数量》,世界银行网站,2024 年 8 月 3 日,https://data.worldbank.org.cn/indicator/SP.URB.TOTL.IN.ZS?locations=BN,最后访问时间:2024 年 11 月 12 日。

孩子的习惯，并且会对领养的孩子视如己出。除此之外，在历史上有许多其他国家的人曾在文莱的土地上居住，留下了生活的痕迹，并且繁衍后代，在文莱这棵"多民族大树"上增添了许多分支，因此，除了本土的"七大土著三个民族"，文莱还有许多外来民族，如文莱有来自中国、英国、印度等国家的不同民族居民。

在文莱的四个行政区中，文莱－摩拉区的人口数量最多。根据文莱经济规划与统计局（DEPS）所公开的数据，2023 年，文莱－摩拉区的人口最多，有 32.60 万人（占总人口的 72.4%）；其次是马来奕区，有 6.69 万人（占总人口的 14.8%）；都东区有 4.80 万人（占总人口的 10.7%）；淡布隆区有 0.96 万人（占总人口的 2.1%）。文莱人口密度为每平方公里 78.1 人。[①] 文莱经济规划与统计局《2023 年人口数据》显示，从年龄分布来看，15 岁以下人口占 20.2%（9.12 万人），15—64 岁工作年龄组人口占 72.8%（32.80 万人），65 岁及以上人口占 6.9%（3.13 万人）。2023 年的中位年龄为 32.5 岁，而 2022 年的中位年龄为 32.0 岁。[②] 从数据中可知，文莱的青年人口占比适中，劳动力人口占比较高，而老年人口占比相对较低。

文莱的居民来自四面八方，人口流动最频繁的是马来人和华人。马来人的数量最多，占总人口的 73.8%（33.21 万人）。华人和其他群体分别占总人口的 9.6%（4.34 万人）和 16.6%（7.5 万人）。[③] 文莱十分富有，

---

① 《2023 年人口数据》，文莱经济规划与统计局网站，https://deps.mofe.gov.bn/SitePages/Population.aspx，最后访问时间：2024 年 11 月 12 日。

② "Report of the Population Estimates," Department of Statistics, Department of Economic Planning and Statistics Ministry of Finance and Economy Brunei Darussalam，https://deps.mofe.gov.bn/DEPD%20Documents%20Library/DOS/POP/2023/RPT.pdf，p. 4，最后访问时间：2024 年 11 月 12 日。

③ "Report of the Population Estimates," Department of Statistics, Department of Economic Planning and Statistics Ministry of Finance and Economy Brunei Darussalam.https://deps.mofe.gov.bn/DEPD%20Documents%20Library/DOS/POP/2023/RPT.pdf，p.4，最后访问时间：2024 年 11 月 12 日。

国民收入差距不大,社会贫富差距较小,百姓安居乐业、生活稳定,居民一般情况下不会选择迁移,所以文莱国内人口流动的现象并不多见。文莱劳动力结构相对稳定,但因本国人口较少,为满足劳动市场需求,文莱吸纳了大量外籍劳工,主要来自马来西亚、印度尼西亚、菲律宾等东南亚国家。外籍劳工多集中在建筑业、农业和服务业等劳动密集型产业,弥补了文莱的劳动力短缺。文莱的劳动力市场较为开放,有较高的劳工管理标准,对外籍劳工的招聘、工作环境、薪资水平等方面有严格的规定,以保障劳动者的权益。政府对劳动力市场实行较为保守的政策,对外籍劳工配额进行严格控制,以确保本地人的就业机会。

第二节 四大行政区共成一体

近年来,旅游业已成为文莱优先重点发展的行业之一。为了吸引全球游客,文莱政府积极行动,采取了多种策略,包括组织代表团参与国际旅游交易会、在海外举办巡回旅游推广活动,以及积极宣传文莱的旅游特色,旨在全面提升文莱作为旅游目的地的吸引力。文莱的旅游业在 2023 年迎来了显著增长,游客人数从 2022 年的 3.57 万人次激增至 2023 年的 13.36 万人次。2019 年文莱游客人数达到了历史峰值,为 33.32 万人次,而 2021 年则跌至历史最低,仅有 0.35 万人次。① 新冠疫情期间,文莱旅游业受到重大打击,为推动旅游业复苏,文莱旅游局制定并在官方网站公布了旅游地图,对文莱–摩拉区、马来奕区、都东区和淡布隆区的景点分别作了简要介绍,规划了每日游玩行程安排,并在地图上标注了酒店、餐厅、公交站点、医院等各类

---

① 《文莱游客人数》,文莱经济规划和发展部网站,https://tradingeconomics.com/brunei/tourist-arrivals,最后访问时间:2024 年 11 月 12 日。

设施，供各国游客参考。文莱四个大区拥有风格迥异的景色，除世界上正在使用的最大的宫殿努鲁尔·伊曼王宫、有"东方威尼斯"美誉的艾尔水村（Kampong Ayer）、有"亚洲迪士尼"之称的水晶公园（Jerudong Park）、奥玛尔·阿里·赛福鼎清真寺等耳熟能详的文莱－摩拉区斯里巴加湾市旅游景点外，部分景点知名度仍然不高。其实，若时间充足，在都东区、马来奕区和淡布隆区各处小众景点游玩也别有一番趣味。

一 高效率——文莱－摩拉区

文莱－摩拉区东临文莱湾，北濒中国南海，南与马来西亚的沙捞越州接壤，西与都东区为邻。总体地势较为低平，利于城市扩建与发展，占地面积 570 平方公里的文莱－摩拉区由文莱首都斯里巴加湾市与摩拉区组成，它不只是文莱人口最多的行政区，也是文莱的商业、文化中心。由于文莱最大的货物运输与贸易港口摩拉港位于该区内，文莱－摩拉区成为拉动文莱经济的中心。在人口高度城市化的文莱，文莱－摩拉区不断吸引着众多向往城市生活的人，也成为文莱最具生命力与活力的象征。而提到文莱－摩拉区，就不得不说一座历经近半个世纪风雨的繁忙深水老港口——摩拉港。摩拉港不只是文莱的"福地"，更是饱受世界各国青睐的货运港口。

2013 年，在中国提出"一带一路"倡议之后，中国与文莱互通有无的情谊，就是通过摩拉港来传递的。清晨，摩拉港一派繁忙的景象：大型集装箱船有序停泊在港口，巨大的绿色岸桥流畅地装箱卸货，五颜六色的集装箱上下起落着，被高效且有序地堆在不同区域。[1] 摩拉港作为文莱唯一的国际深水港口，也作为"广西－文莱经济走廊"框架下的旗舰项目，描绘着"一带一路"在文莱的全新蓝图，不仅吸

---

[1] 罗琦：《大道同行 丝路共鸣（文莱篇）》，《广西日报》2023 年 9 月 7 日，第 12 版。

引了众多劳动人民在此就业、聚集，也成为文莱开展国际贸易的主要通道，助力了和平合作、开放包容、互学互鉴、互利共赢的丝路精神在美丽而又颇具神秘色彩的文莱生根开花。这一幕幕图景，就是摩拉港集聚"魔力"的体现。开放包容的姿态，让日夜勤耕、富有生机的摩拉港在21世纪显得更加繁忙而温暖。

文莱-摩拉区是文莱首都斯里巴加湾市所在地，而斯里巴加湾市被称为"东南亚最小的首都"。在这里，传统文化、时髦都市和自然景观完美共存，游客既能看到豪华的现代化宫殿、壮丽的伊斯兰建筑，也能观赏自然美景。努鲁尔·伊曼王宫是当今世界上规模最大的仍在使用中的现代宫殿，位于首都斯里巴加湾市，由菲律宾的知名设计师洛克辛设计，于1980年开始修建，在1984年文莱宣布独立的前夕竣工，有"世纪性宫殿"之称。其外观充分体现了伊斯兰特色和马来风格，内部装潢极其豪华考究。王宫分为王室生活区和首相府办公区两个部分，占地120公顷，相当于170个足球场的面积，仅房间就有1788个，游览时间需要3小时以上。作为文莱苏丹的官邸，通常情况下王宫不对外开放。游客若想参观王宫，要在文莱的国庆日（2月23日）或开斋节前往，此时王宫开放3天，游客可以排队进王宫和苏丹握手。若有幸在开放时间观光游玩，就可以感受当地的独特风情。每当傍晚时分，宫殿金碧辉煌，金黄色的宫顶和王宫河畔都是游客取景拍摄的好地点。

文莱博物馆是文莱最大、最具代表性的博物馆，建立于1965年，是由英国皇家地理学会和文莱政府共同创办的。博物馆最初是一座简陋的建筑，后来在1970年进行了扩建和翻修，现代化的建筑设计中也融合了文莱传统的建筑风格，体现了文莱的历史和文化。文莱博物馆展厅包括伊斯兰艺术展厅、自然历史展厅与历史展厅等，展览内容包括文莱社群的传统生活、文莱的动物与植物、中世纪中亚与伊朗的陶器、埃及与西亚的玻璃、《古兰经》手抄本、布料、金饰与武器、文莱苏丹私人收藏的银币与金币、中世纪日本的武器与盔甲、近代东南亚的殖民历史以及近代文莱的石油产业发展史，涉及文莱的历史、文化、艺术和自然景观等方面，向访客展示了文莱悠久的历史和多元的文化。文莱博物馆不仅是一个向公众展示历史文化的场所，还是一个重要的教育和研究机构。博物馆定期举办教育活动、学术讲座和研讨会，为公众提供了解文莱历史和文化的机会，同时也为学者和研究人员提供研究资源和交流平台。如果游客对文莱的历史文化感兴趣，则可认真浏览博物馆信息，加深对文莱的了解。馆内还提供导览和解说服务，出口处精美的礼品店与舒适的休息区也为游客提供良好的服务。

　　文莱－摩拉区的著名建筑以清真寺居多，也有柔美的水上村落与恢宏的苏丹纪念馆。奥玛尔·阿里·赛福鼎清真寺是文莱国民虔诚信仰伊斯兰教的象征，文莱斥巨资打造了这一首都地标性建筑。这座清真寺的金顶用330万片黄金镶成，巨大的圆顶在阳光的照射下金光闪烁、巍峨高大。这座清真寺可供上千人礼拜，是当之无愧的伊斯兰文化中心。清真寺内部，壮观的彩色玻璃窗和水晶吊灯使祈祷大厅更显宏伟，黄昏时分金色、橙色和粉色的玻璃在阳光照射下更显梦幻。地毯进口自沙特阿拉伯与比利时，水晶吊灯和彩色玻璃购于英国，大理石是从意大利运来的，砌墙所使用的花岗岩则来自中国，整座清真寺富丽堂皇、雍容华贵。奶油色的外墙以及中央的金色穹顶在蓝天的映衬下显得格外鲜亮。清真寺周边有修剪齐整的花园、清澈的湖水和16世纪苏丹博尔基亚皇家驳船的石头复制品。

　　哈桑纳尔·博尔基亚清真寺的规模不亚于奥玛尔·阿里·赛福鼎清真寺，该清真寺是为了庆祝现任君主哈桑纳尔·博尔基亚登基25周年而建，也是文莱－摩拉区的重要参观景点之一。哈桑纳尔·博尔基亚清真寺坐落于文莱首都斯里巴加湾市，是文莱最大的清真寺，由文莱苏丹在1994年捐资修建，建筑风格富丽端庄，主体的拱顶与四周的尖塔都被镀上了24K金，气派十足。29个金碧辉煌的圆顶标志着文莱历史上有 29 位苏丹，4 座 57 米高的尖塔高高矗立，肃穆庄严。室外的 8 根立柱顶端也用 24K 金做金星点缀，祈祷厅内的水晶镀金吊灯足足有 3.5 吨重。这座清真寺在苏丹哈桑纳尔·博尔基亚 48 岁生日当天正式启用，也被当地人称为"国王的清真寺"，整座清真寺的建筑原料全部为进口材料，尽显奢华。

为庆祝苏丹登基 25 周年，文莱政府于 1992 年在文莱－摩拉区建立苏丹纪念馆。馆内有 2200 个房间，游览用时 2 小时左右。该馆主要分为清真寺、直升机停机坪、3 公里地下隧道、马房等区域。宴会厅可容纳 400 人，整个居住区可以容纳 2000 名客人。馆内收藏了镶有宝石的皇冠、传统御用战车等无价之宝，还收藏着各国送给现任苏丹的纪念品。文莱王室礼仪博物馆也是可以近距离接触文莱王室的重要景点，其建立旨在让臣民了解王室礼仪的庄严与神圣，馆内陈列有关文莱国家历史的文物和王室御用物品，设有王宫庆典和国宴的微缩模型以及外国政府和名人、文莱本国人士赠送苏丹的礼品等。

文莱－摩拉区有一个美丽的水上村落，位于文莱河岸边，有 30 座高脚屋，被称为艾尔水村。随同西班牙航海家麦哲伦远航的意大利人安东尼奥·皮加费塔抵达文莱时，对展现在他眼前的水村景致非常着迷，并在他的《首次周游世界》一书中将文莱的水村比拟为"东方威尼斯"。这里的居民现在仍然延续着传统的生活方式，居民和游客可以通过简易木桥或一种叫"水上出租车"的小木船，往来于水村和城市之间。文莱政府已经认识到加强水村保护的重要性，并针对性地采取了一些措施。目前，艾尔水村是世界上最大的水上村落，是去文莱的游客必到的景点之一。

文莱－摩拉区还有一个世外桃源——红树林。在茂密的红树林中，长鼻猴在天晴时穿梭于树木之间，鹭鸶闲庭信步。树林中有很多珍禽异兽，例如只能在加里曼丹岛找到的晶须燕鸥，还有棕夜鹭、斯托比尔翠鸟、鱼鹰、白腹海雕等。游客沿着红树林内的步道徐徐前进，聆听悠扬动听的"啁啾""邕邕""嘤嘤""唧唧"声交织"播放"，会感叹于自然的美好，也会迸发出对生命的无限喜爱与感动。河道孤舟，夕阳西下，萤火闪烁，仿佛宫崎骏动画电影中的大自然画面。

水晶公园是苏丹哈桑纳尔·博尔基亚豪掷 13 亿文莱元（相当于人民币 6.88 亿元）为国民建造的游乐场地，可容纳 8000 名游客玩乐，是东南亚最大的游乐场之一。苏丹哈桑纳尔·博尔基亚的妻子在他 48 岁生日时，送了他一块重达 4500 千克的超级大水晶，因此文莱苏丹灵感迸发，有了建造水晶公园的庞大计划。这个公园也是游客的必游之地，是一座适合全家游玩的游乐园，配备有水上公园、花园、潟湖和游乐设施。园内有 3 种过山车，还有跳楼机、飞天滑水车、动感影院、高空旋转观光塔等，每一个项目都刺激过瘾。此外，还有皇家马球场、乡村俱乐部、高尔夫球场，集美丽的自然风景与眼花缭乱的游乐项目于一体。白天，游客可以在公园和动物园尽情参观。夜幕降临后，公园内灯火通明，周六晚上还有音乐喷泉表演，对夜生活较为单调的文莱来说，是一个晚上游玩的好去处。

二　田园风——都东区

都东区是传统种植业分布最为广泛的一个区。在 1166 平方公里的土地之上，不仅种植着水稻、蔬菜、橡胶、胡椒等作物，以及椰子、木瓜等热带水果，而且畜养着牛、羊、鸡、鱼、虾等鲜活的动物。想象一群群牛羊迈着矫健步伐欢脱奔跑的画面，不由感到活力十足。

都东区聚集了杜顺（Dusun）、伊班（Iban）、都东（Tutong）等土著民族，是文莱土著的聚居区，也是了解文莱人文的"民族群落博物馆"。这个距离斯里巴加湾市仅 45 分钟车程的地方，物产丰富，民风质朴。在这里，可以预约参观依湖而建的杜顺民族传统木屋（Alai Gayoh Anak Pulau），了解杜顺人的民族习俗和音乐；可以在拉明·瓦里森博物馆（Lamin Warisan Museum）年代久远的照片和文物中追溯都东文化；可以在星期四集市（The Thursday Market）购买当地物美价廉的手工艺品，品尝当地美食；可以在双溪巴松休闲公园（Damuan Recreational Park）了解吉达央族（Kedayan）产后护理习俗，参观伊班工艺品以及其他文物。

除此之外，都东的自然美景也散发着宁静迷人的气息。游客可以在斯里肯南海滩（Seri Kenangan Beach）温暖洁白的沙滩上漫步，目送夕阳隐入海平面；在塔塞克·梅林邦（Tasek Merimbun）这个文莱最大的天然湖泊观赏丰富多样的动植物群；在贝达努瀑布（Wasai Bedanu）领略热带雨林景观。都东区的墨林本湖遗产公园（Tasek Merimbun Heritage Park）更是摄影爱好者和大自然爱好者眼中值得拍照的地标，这里有神秘的黑色湖水、在微风中摇曳的橄榄色芦苇田、幽暗孤独的沼泽。该公园和都东区的大部分地区光污染低，非常适合观星和拍摄星空，5—8月是最佳观测时间，能够整晚观测到银河。

由于都东区聚集着大量文莱土著，当地的农业一般是家庭经营模式，原本规模较小且生产力水平较低，但得益于近年来文莱政府对发展现代化农业的重视，都东区更为注重各类农业基础设施的建设，还有排水、灌溉等农业工程的实施。都东区扩大各类粮食、果蔬的种植面积，也增加了牛、羊、鸡等家畜家禽和鱼虾等水产的养殖量，极大地丰富了文莱民众的食物选择；东盟成员之间清除了关税壁垒，因此文莱政府对农产品的进口实施零关税政策，也没有非关税壁垒，进口食品需符合伊斯兰教清真食品要求，尤其是进口肉类，需要通过严格的清真检验。为减少进口，文莱政府大力扶持国内扩大蔬菜种植面积，蔬菜自给率达到了66.5%。[①]值得一提的是，文莱禁止养猪，因

---

① 《文莱投资指南（2024年）》，中华人民共和国驻文莱达鲁萨兰国大使馆经济商务处网站，https://www.mofcom.gov.cn/dl/gbdqzn/upload/wenlai.pdf，p.17，最后访问时间：2025年4月10日。

此文莱所需猪肉全部需要进口，且多从马来西亚进口；此外，文莱政府还积极开展各类新型的农业生产活动，让更多国民参与进来，营造出都东区极具特色的"归园田居"氛围。脚下踩着土地，头顶就是蓝天，人只有在自然、随性与创造培育带来的踏实感中，才能感受到造物主所创造的那种在时间与收获之间的线性美。

三　精英派——马来奕区

马来奕区位于文莱最南部，北濒中国南海，西面和南面都与马来西亚沙捞越州接壤，东临都东区，占地面积 2743 平方公里，地形上西南部地势较高，其余地方地势平缓且海平面低，浅水区地势较平缓。[①]因为占据了地理区位的优势，马来奕区矿产资源丰富，海陆交通便利。马来奕区不仅有文莱最大的"石油城"——诗里亚镇，还坐拥有漫长沿海公路的港口城市——瓜拉马来奕镇，是一个集丰富资源、便利交通于一身的精英派区域。文莱的石油与天然气开采、生产集中于马来奕区。马来奕区的诗里亚镇是文莱最早发掘石油的地方，也是文莱陆上石油的主要产地。这里的油气资源带来的收入占文莱全国收入的90%，因而诗里亚镇是文莱的经济中心，被称为"石油城"。

1991 年，文莱壳牌石油公司（Brunei Shell Petroleum Company）在海滩附近靠近诗里亚油田第一口油井的地方建造了第十亿桶纪念碑（Billionth Barrel Monument），以纪念从诗里亚油田开采出了十亿桶石油，并投资兴建了一座油气探索中心，使诗里亚油田成为工业旅游地。油气探索中心坐落在诗里亚镇中心的北侧。对于充满求知欲的孩子来说，他们能通过探索中心里的图片、模型、小游戏详细了解石油形成、开采、储藏、运输等知识；对于成年游客来说，他们可以通过探索中心关于原油开采与加工真实场景的展示，了解文莱的石油生产

---

① 马金案编著《文莱经济社会地理》，世界图书出版公司，2014，第 5 页。

历史和文莱支柱产业的内部运作方式。此外，站在诗里亚镇的沙滩上向海面远眺，可以看到漂浮着的海上油井、被围栏保护起来的已废弃的诗里亚一号井、诗里亚十亿桶原油纪念碑主题公园。在这里，可以找到文莱经济腾飞的源头。

"石油城"诗里亚镇不仅有丰富的石油、天然气资源，还有许多尚未开发的石英砂等矿石资源，除此之外，这里还分布着水稻、胡椒等经济作物的种植园地。

作为马来奕区中心的港口城市瓜拉马来奕镇则位于文莱西部，与马来西亚沙捞越州相邻，区内港阔但水浅，海岸线绵长，码头有充分的可建设空间；沿海公路向东可直通诗里亚镇与都东区，向西经过马来奕大桥可与马来西亚沙捞越州的淡南港、罗东、米里等地相通。得益于赤道地区的高温与临海地区海洋气候形成的绝佳水热资源组合，马来奕区在市郊地区也有水稻分布，同时有丰富的木材资源延伸出的产业链，许多木材加工厂、家具厂等小型工厂分布其中。

"精英"的马来奕区象征着文莱经济的"底气"，如此丰富的资源和优越的经济条件，培育出当地人如文莱土地上的狮子一般沉稳而精干的气质。

四 小清新——淡布隆区

文莱有 3/4 的国土被森林覆盖，东部的淡布隆区是文莱原始森林的集中区，区内森林广袤、绿荫叠嶂，空气十分清新。进入淡布隆区有两种方式，搭乘水上快艇或通过连接淡布隆区和文莱本土的淡布隆跨海大桥。这片被马来西亚林梦地区隔开的文莱"飞地"，常住人口仅有约 9000 人。广袤幽深的热带雨林和丛林中散居的土著淳朴自然的民风，使这片远离闹市的宁静土地迸发出强劲的生命力。在这里，时间流逝得很慢，人们可以暂时放下市区的灯影浮华，搭着小船去领略大自然的美，在一片郁郁葱葱中，听鸟叫虫鸣，探奇花异草，感受别样的文莱风情。

淡布隆区位于文莱的东部，其独立于其他三个区，被马来西亚的林梦分隔，因此没有与文莱其他区相接壤，其北部隔文莱湾与文莱－摩拉区相望，占地面积 1305 平方公里，区内地势起伏较大，且原始森林分布较广，人口较少，但仍有部分土著沿袭文莱传统的生活习惯，居住在马来传统的长屋中。[①] 该区出产许多建筑原料，如木材、砂石等，除此之外还有少量水稻、椰子等作物分布。

提到淡布隆，就必须说到乌鲁淡布隆国家公园（Ulu Temburong National Park）。该公园占地 4.89 万公顷，位于淡布隆区巴都阿波附近的森林保护区内，是文莱第一个国家公园。淡布隆河上游的广大地区分布着文莱最好的树木，这条河就是串联起淡布隆寂静雨林和水村木屋的纽带。该公园以典型的热带雨林植被为主要特征，树冠徒步行、雨林植物观赏是主要的旅游亮点。公园的生态环境较好，有"文莱绿宝石"的美称。在公园中，山峦起伏，绿荫层叠，虫鸣鸟叫不绝于耳，湖泊美景映入眼帘，使人心旷神怡。乘坐长艇，穿梭在蜿蜒的流水中，即可开启惊险刺激的漂流之旅。乌鲁淡布隆国家公园是自然风光爱好者和森林探险家不可错过的生态旅游秘境，这里可以满足游客对热带雨林的所有想象：炎热、茂密、与世隔绝。在这里，游客可以一览壮观的火山湖和茂密的原始森林，徒步观鸟，探索热带雨林的自然生态。

森林中最高的一棵树有 43 米，相当于 14 层楼的高度，冒险者可体验树冠徒步行，在树冠上眺望远处的绿色植物，观察栖息在高树上的鸟类，聆听来自四面八方的野生动物"交响曲"。沿树冠走700 多步，拾级而上，到达终点，在高空中体验惊险刺激，再回到地面时，会感受到安定与坦然。雨林植物观赏爱好者若来到这个公

---

① 邵建平、杨祥章编著《文莱概论》，世界图书出版公司，2012，第 11 页。

园，定会流连忘返，陶醉在氧吧的美景中。公园中的植物可供人赏花、观果，一些树木还会有清甜的香气或浓厚的木质香味，花朵造型奇特、美艳香浓、争妍斗艳。微风拂面之时，树叶婆娑，耳畔溪流潺潺，足以让人心生"幸甚至哉"之情。

在乌鲁淡布隆国家公园里，最容易触碰到文莱安详、自由、肆意生长的"绿色内核"，它像是文莱精致、高贵外表下的隐秘精神世界。在这里不必在乎世界之大，不必思考如何在变化动荡的发展浪潮中激流勇进，也不必掩饰内心对自然的向往，而是可以在一片片浓烈的绿意、一声声虫鸣鸟叫中，让心灵与自然之间产生共鸣。

第三节 海陆空交通各成一系

文莱这片土地的神奇与独特，不只体现在它丰富的人文与自然资源、"互不相连"的国土上，就连它的行政区划也与世界上许多国家有很大不同。为何文莱的行政区划如此特别呢？文莱在1984年之前一直是英国的"保护国"（除1942—1945年日本占领期间之外）。20世纪50年代初，苏丹奥玛尔·阿里·赛福鼎在马来亚寻求独立的同时寻求文莱的自治。那时苏丹认为文莱太小，无法独自生存，因而发起了让文莱作为一个自治区加入马来西亚联邦的谈判，类似于新加坡、沙巴和沙捞越，但谈判因文莱石油资源的控制权归属争议而破裂。

一 互联互通为民众谋幸福

文莱的交通条件较为发达，尤其在陆路和航空方面具有良好基础。全国拥有较为完善的公路网络，主干道路铺设质量高，连接四个行政区以及通往马来西亚沙巴、沙捞越的边境口岸，为居民日常出行和跨境往来提供便利。此外，文莱国际机场航线覆盖多个东南亚主要城市，为居民出国旅行和商务往来提供了便捷通道。整体而言，文莱交通体系虽规模不大，但已基本满足居民日常生活与经济活动的需要。

高效的交通网络和服务对文莱经济和民众至关重要。文莱政府制定《陆地交通白皮书》，是为实现"文莱2035宏愿"总体目标和为交通部2008—2017年的战略计划提供支持，推动交通系统的数字化和智能化，提升公共交通服务质量。文莱独立至今40余年，已经位居世界富裕国家的前列，尽管本土资源有限，文莱政府依然探索出了新的经济发展道路，即交通运输业。2020年，文莱交通和信息通信部发布《文莱交通和信息通信部2025战略规划》。该规划是文莱2020—2025年交通和信息通信行业的发展目标，其愿景和使命与文莱苏丹提出的"构建智慧国家"以及"文莱2035宏愿"一致，主要由六项战略目标组成，分别是数字转型、确保交通和信息通信行业的可持续发展、与国际安全标准接轨、构建有利于投资与经营的政策与监管框架、机构重组和加强国际合作。总体来看，文莱的交通和信息通信水平在东南亚国家中位于前列，公路四通八达，道路状况可媲美欧美国家，数字化和智能化发展迅速，令人惊叹。

文莱的交通管理部门总体负责监督和管理道路交通，确保道路安全与运输效率，当地陆地交通运输系统主要包括道路网络、公共交通工具和私人交通工具，特点是稳定、高效，适应该国的地理和社会需求。文莱现有的主要公路状况良好，交通标识清晰，安全系数较高，首都斯里巴加湾市通过完善的道路系统与其他地区相连，确保了国内的交通畅通。此外，私人汽车是文莱主要的私人交通工具，大多数居民拥有自己的汽车。文莱石油资源丰富，燃油价格相对较低，进一步促进了私人汽车的普及。

在文莱，自驾是最为方便的出行方式之一。在文莱首都斯里巴加湾市有很多租车公司，游客只要有国际驾照，就能自由租车驾驶。各主要城市都设有长途客车站点，供游客往返于各个区域。较有特色的是比轮渡方便快捷的"水上出租车"——快艇。游客可以从任意一个沿岸港口乘坐快艇到达目的地，在观赏风光的同时小憩。此外，还有运营时间极短的公交车。文莱的电信业比较发达，但门槛高，目前全国电信运营商仅有一家名为 JBT 的国有企业。文莱的电话普及率较高，经过通信基础设施的多轮升级改造，文莱启动了 5G 商用，使其信息通信行业在东南亚地区更加领先。

二　以大桥架构起道路网

文莱的道路交通网络覆盖面相对较小，但道路质量好，且四通八达。文莱的车辆靠左侧行驶，双车道的最高速度限制通常为 100 公里／时，单车道道路的最高速度限制为 80 公里／时，主要城市之间都有高速公路连接。据文莱财政与经济部经济计划统计司统计，截至 2022 年，文莱的公路总长度为 3805.7 公里。其中苏丹哈桑纳尔·博尔基亚高速公路以文莱苏丹的名字命名，长 132 公里，紧紧依偎着大海，穿越文莱三个区，连接了首都斯里巴加湾市、"石油城"诗里亚镇和马来奕区，是斯里巴加湾市的主要高速公路；摩拉—都东高速公路是文莱最主要的跨区高速公路，连接着文莱－摩拉区和都东区，因大部分路段与文莱海岸线平行，被当地百姓称为沿海高速公路，车辆驶过这一路段时，海风微凉，沁人心脾。

淡布隆跨海大桥是文莱历史上最大的基础设施建设项目，也是东南亚最长的跨海大桥。作为中国共建"一带一路"旗舰工程项目，淡布隆跨海大桥是连接文莱本土和淡布隆区的重要枢纽工程，于 2020 年 3 月建成通车，全长 30 公里，有"文莱最卓越的国家现代化象征"之称。在建成通车前，当地的民众只能选择从水路往返淡布隆区与文莱－摩拉区，单程 2 小时，且事故多发。就算是自驾也需要绕道马来西亚，算上边境检查、物品报关等手续，整个流程需要 4 小时以上。大桥建成后，淡布隆区与文莱－摩拉区两个大区连成一体，两地之间的车程缩短至 15 分钟，有效提高了当地的基础设施水平，对淡布隆区的社会经济发展具有重要意义。

　　作为石油出口国，文莱汽油价格相对较低，私家车在文莱相当普遍，街道上随处可见各种私家车，几乎男女老少都能驾驶汽车。值得一提的是，文莱苏丹拥有 7000 多辆豪车，其中有劳斯莱斯 600 辆、法拉利 450 辆、奔驰 570 辆，这些豪车专门停放于宫殿中，场面震撼。因为爱车心切，苏丹聘请了很多经验丰富的维修人员全天候维护这些汽车，砸下重金命人用 24K 金镶嵌自己最喜欢的汽车，在汽车内外都镶满黄金，在接待重要领导人时即使用该车。环亚经济数据有限公司（CEIC）数据库显示，截至 2023 年文莱有 45.25 万人口，已登记的车辆数量达到 31.56 万辆，是世界上拥有私家车占比最高的国家之一。① 由于私家车数量众多，文莱街道上很难见到出租车，仅在首都与其他城镇可见到不定时发车的公交车。公交车没有固定班次，乘客坐满后即开始行驶，因此等车时间较久。没有私家车或不会驾驶车辆的人在文莱较为不便，难怪到文莱旅行的游客都会戏称"到达文莱后需先买一辆车"。

　　为了减少交通拥堵现象，文莱政府从 1995 年起推出公共巴士服务，目前分为区际巴士和专营巴士。区际巴士主要提供长途的定期服务，连接不同的区域，是文莱公共交通的基础设施之一，通常为大众提供服务。而专营巴士则更多是应对特定需求，提供灵活的交通方案，服务对象较为固定，为旅游团体或特定企业。区际巴士主要集中在斯里巴加湾市、诗里亚镇、瓜拉马来奕镇等主要城镇，共有三条路线，第一条路线为斯里巴加湾市（BSB）—拉穆宁（Lamunin）—BSB，第二条路线为 BSB—都东区—BSB，最后一条为 BSB—诗里亚镇 / 瓜拉马来奕镇—BSB。公共巴士覆盖全国主要城镇和地区，共有六条线路。为了便于乘客识别，每条线路的巴士均采用了与其相对

---

① "Brunei Number of Registered Vehicles," CEIC 数据库，https://www.ceicdata.com/en/indicator/brunei/number-of-registered-vehicles，最后访问时间：2024 年 11 月 13 日。

应的独特车身颜色。环线为青蓝色，北线为绿色，中央线为棕色，东线为皇家蓝色，南线为灰色，西线为红色。[1]巴士站点分布在全国各地，包括城市主干道、商业区、住宅区和旅游景点，站点设施虽然简单，但干净整洁，部分站点设有候车亭和座椅，为乘客提供舒适的候车环境。斯里巴加湾市作为文莱的首都，巴士路线最为密集，连接了市内的各个商业区、住宅区和旅游景点。而在诗里亚镇和瓜拉马来奕镇，巴士路线则主要服务于当地居民和工业区，以及连接市区和周边乡村。

文莱巴士的票价相对较低，单程收费 1 文莱元，乘客可以在上车时向司机支付现金，或使用预付费卡进行支付。对于学生、老年人和残障人士，部分路线还提供优惠政策。巴士的运营时间通常为早 6 时至晚 20 时，部分路线会延长运营时间，周末和节假日的运营时间会有所调整。此外，文莱巴士系统还提供一些特色服务，如在伊斯兰宗教节日期间增设宗教巴士，方便信徒前往清真寺进行宗教活动，以及提供校园巴士服务，连接学校与住宅区，方便学生上学和放学。

三 奔驰在水上的"出租车"

文莱的水运网络在该国的沿河、沿海区域十分重要，尤其是在淡布隆区与其他区域的交通联系上起着关键作用。首都斯里巴加湾市和艾尔水村是水运交通的主要枢纽，提供包括快艇和小型渡轮在内的各种水上交通工具。艾尔水村不仅是日常通勤线路上的站点，还是旅游景点，展示文莱的传统生活方式和水上建筑。近年来，水运在旅游业中的重要性显著提升，也促进了水运交通的发展。

水运对于濒临大海的文莱而言十分重要。文莱海运主要目的地有

---

① 《巴士和出租车》，文莱交通和信息通信部网站，https://www.jpd.gov.bn/SitePages/Land%
20Transport%20Department/About%20Us/Sections%20and%20Units/Public%20Transport.
aspx，最后访问时间：2024 年 11 月 13 日。

新加坡首都新加坡市、中国香港、马来西亚吉隆坡和菲律宾马尼拉等周边港口城市。文莱境内有 4 条内河，发挥一定的货运与客运作用，海港主要有 4 个类别，分别是用于物流的摩拉港、作为货仓的马来奕港、油气专用港口、斯里巴加湾市的商旅码头。摩拉港占地 24 公顷，码头长 861 米，有 8 个泊位，吃水深度 12.5 米；斯里巴加湾市有 93 米长的商业码头、141 米长的海军与政府船舶泊位和 40 米长的旅客码头；马来奕港可停靠 2 条船，有 744 平方米的货仓、1837 平方米的露天存货场。[①] 2017 年 2 月 21 日，广西北部湾国际港务集团旗下北部湾控股（香港）公司与文莱达鲁萨兰资产管理公司合资成立文莱摩拉港有限公司。[②] 该公司成立后，摩拉港从传统的装卸港升级为枢纽港，开向周边港口的集装箱班轮航线达到 19 条，作业效率及服务质量显著提升，吊机操作效率每小时提升 4%，船舶流动率每小时提高 5%，货物周转时间平均下降 12%。[③] 位于战略要地的摩拉港，凭借其卓越的管理水平，为文莱、东盟东部增长区乃至其他"一带一路"共建国家提供了卓越的港口服务，不仅提升了文莱的经济活力，也推动了其经济结构的多元化发展。

文莱的"水上出租车"是该国特有的水上交通工具，主要由传统的长形快艇组成，这些快艇色彩鲜艳、装饰独特，穿梭在文莱的河流与水道之间，成为当地一道亮丽的风景线。"水上出租车"经济实惠，深受当地居民喜爱，同时也为游客提供了一种独特的旅行体验。交通

① 《文莱国家概况》，中华人民共和国外交部网站，2024 年 10 月，https://www.mfa.gov.cn/web/gjhdq_676201/gj_676203/yz_676205/1206_677004/1206x0_677006/，最后访问时间：2024 年 11 月 13 日。

② 《港务集团控股合资公司接管文莱摩拉港》，广西壮族自治区人民政府国有资产监督管理委员会网站，2017 年 2 月 24 日，http://gzw.gxzf.gov.cn/xwzx/gzdt/t1639897.shtml，最后访问时间：2024 年 11 月 13 日。

③ 《骄傲！"数"说文莱摩拉港六年巨变》，广西北部湾国际港务集团有限公司网站，2023 年 3 月 11 日，https:// www.bbwgw.com/bbwport/singleDoc?id=1495，最后访问时间：2024 年 11 月 13 日。

高峰时期，文莱河上的船只来来往往，使城市充满浓郁的生活气息。当地的船夫也靠接送游客游览文莱河获取收入。见到游人走到河边，船夫便会上前询问揽客。艾尔水村位于文莱大教堂（圣母无原罪教堂，Church of Our Lady of the Immaculate Conception）附近，村庄内所有建筑物都沿文莱河而建，建筑都为高脚木屋样式，聚落间由木板栈道连接，住宅、清真寺、餐厅、商店、学校、医院、警察局等串联在一条线上。除了满足当地居民的日常生活需求，"水上出租车"还为游客提供水上观光服务。乘客不仅能体验到快速穿行的乐趣，还能近距离观赏河岸两侧的自然风光和传统的水上建筑，感受文莱深厚的历史文化底蕴和独特的水上生活方式。由于人流量较大，"水上出租车"担负重任，成为当地的一大交通特色。

四　唯一民用机场的重任

文莱的商业航空运输始于1953年建立的斯里巴加湾市与马来奕区之间的航线，所用的跑道是第二次世界大战时日本所建，此时的机场被称为文莱机场。1970年后，文莱民航业大规模增长，政府开始筹备建立新机场。2012年，文莱国际机场扩建项目正式启动，新机场主要由航站楼、航空货站、皇家航站楼组成。2014年，客运及货运搭客大厦修建完毕。新建的机场军民合用，成为文莱航空主要国际门户，使文莱与世界各地的联系热络了起来。文莱皇家航空公司拥有一支规模虽小但人数不断增长的商用飞机队，该飞机队不断开设新的长途航线，前十大目的地包括吉隆坡、新加坡市、亚庇、马尼拉、曼谷、墨尔本、香港、泗水、伦敦和雅加达，每周有多个航班直达东盟、澳大利亚、中东、欧洲、中国等国家（地区）的17个城市。[1]文莱民航业的监管机构是文莱交通和信息通信部下属的文莱民航局，民航局又下

---

① 《国别信息·文莱》，中国民用航空局国际合作服务中心网站，2022年1月11日，http://www.icscc.org.cn/content/details_108_4573.html，最后访问时间：2024年11月13日。

设机场、监管两个部门。

　　文莱皇家航空公司是文莱最大的航空公司，该公司的飞机机身上绘制有文莱国旗。2018 年文莱皇家航空公司热烈庆祝首批配备 Thales AVANT IFE 系统的 A320neo 机队投入使用。配备该系统后，飞机上每个座位都有高清屏幕，能够为乘客提供卓越的飞行体验和丰富的娱乐体验。文莱苏丹拥有私人机队，称为"苏丹之旅"，该私人机队包括一架波音 787、一架波音 767 和一架波音 747-8。苏丹的私人飞机有"漂浮的宫殿"之称，机队中有一架飞机的购入价格近 4 亿美元，后苏丹投入了 1.2 亿美元对其进行装饰，黄金、水晶、实木等为主要装饰材料，豪华程度可想而知。

第四章　真主之意与君主之治

马来伊斯兰君主制是现代文莱国家的基本政治制度，意即文莱达鲁萨兰国是一个紧密团结在伊斯兰教与苏丹周围，并以苏丹作为国家最高统帅的马来国家。15世纪初文莱一世苏丹阿旺·阿拉克·贝塔塔尔皈依伊斯兰教，伊斯兰教成为文莱君主制的意识形态来源，文莱成为一个以马来人为主体的伊斯兰君主制国家，形成了独特的政治文化。尽管在文莱沦为英国殖民地和"保护国"后，英国一直试图在文莱建立"更现代化的君主政体"，但文莱依旧保留着马来伊斯兰君主制。

第一节　政教合一的马来伊斯兰君主制国家

文莱宪法中明确规定，伊斯兰教是文莱的国教，苏丹是伊斯兰教宗教领袖。除了占人口大多数的马来族是逊尼派穆斯林，部分华人和土著民族民众也信仰伊斯兰教。文莱政府严格维护伊斯兰教教义，并且将伊斯兰教作为制定政策的依据和全社会的精神支柱、行为准则。

文莱的伊斯兰化主要体现在以下三个方面。

一是在法律方面，作为一个政教合一的国家，伊斯兰教法（Sharia Law）在文莱的历史上一直以某种形式存在，作为英国曾经的"保护国"，文莱也受到英国普通法的影响。因此，当前文莱的法律制度便是英国普通法和伊斯兰教法沙斐仪学派制度的混合体，在世俗法庭之外还设有宗教委员会（Religious Council）和宗教法庭，甚至规定了全国性的穆斯林法律原则。其中，宗教委员会负责协助苏丹处理文莱的宗教事宜，宗教法庭则负责处理穆斯林婚姻、继承及伊斯兰教法规定的其他案件。值得注意的是，文莱在 1998 年和 2000 年的司法改革中废除了传统的卡迪（Qadi 或 Kadhi）法院系统，①引入了三级伊斯兰教法院系统，②即针对文莱公民和永久性居民，无论其个人宗教信仰如何，只要是适用于伊斯兰教法的案件（包括刑事诉讼案件），就将由伊斯兰教法院进行审判和裁决。而且当世俗法庭与伊斯兰教法院发生管辖权冲突时，伊斯兰教法院的裁决优先于世俗法庭的裁决。2013 年 10 月，文莱颁布《伊斯兰刑法》，该法适用于文莱境内所有人，既包括文莱公民中的穆斯林和非穆斯林，也包括在文莱居留的外国人和临时赴文莱的外国游客。但是，该法的有些条款仅适用于穆斯林。2014 年，文莱政府宣布《伊斯兰刑法》将于 2014 年 4 月 22 日起分阶段正式实施，违反者将被处以高额罚款或判刑，该法全面实施后引入肉刑及死刑。这些规定主要关于伊斯兰宗教神圣性、宗教管理、不文明行为，以及偷盗、抢劫、强奸、通奸、谋杀等犯罪行为。对违反相关规定的行为，将根据《伊斯兰刑法》进行审判。③

二是在教育方面，文莱十分重视伊斯兰教教育。首先是在 2010 年 9 月成立了苏丹奥玛尔·阿里·赛福鼎伊斯兰研究中心（SOASCIS）。该伊斯兰研究中心致力于培养具备必要知识和专业技能的穆斯林思

---

① 卡迪是穆斯林法官，主要根据伊斯兰教法作出裁决。卡迪的管辖权理论上包括民事和刑事案件，但在现代国家，卡迪一般只审理与个人身份和宗教习俗有关的案件，如涉及继承、虔诚遗赠、结婚和离婚的案件。

② Lindsey, et al., *Islam, Law and the State in Southeast Asia*, I.B. Tauris, 2012.

③ 《领事提醒：文莱即将实施〈伊斯兰刑法〉》，中华人民共和国驻文莱达鲁萨兰国大使馆网站，2014 年 4 月 15 日，http://bn.china-embassy.gov.cn/zytz/201404/t20140415_10135159.htm，最后访问时间：2024 年 11 月 13 日。

想家和知识分子，让他们能够表达自己对当代问题的观点和想法，领导穆斯林社会应对当今世界的变化和挑战。其次是设立宗教教师学院，即 2007 年成立的斯里巴加湾宗教教师学院（Kolej Universiti Perguruan Ugama Seri Begawan），专门负责培养训练有素的职业宗教教师，以促进伊斯兰教发展。

三是在宗教方面，苏丹本人作为宗教领袖，不仅在日常生活中严格遵奉伊斯兰教生活方式，而且在多次公开讲话中赞扬伊斯兰教教义，并敦促文莱穆斯林坚定信仰，遵从《古兰经》教义。在硬件上，为更好地普及伊斯兰教，文莱政府在全国各地拨款修建了清真寺，以供各地穆斯林更好地参加宗教活动。在软件上，文莱政府设有专门的宗教事务部，为国民提供宗教方面的公共服务。以伊斯兰教重要的宗教功课朝觐为例，文莱政府不仅直接赞助穆斯林前往麦加朝觐，而且还在宗教事务部之下设立了朝觐管理局（Jabatan Urusan Haji），该局以中间人身份协助文莱政府处理和执行朝觐事务，为每一名文莱穆斯林提供照顾与支持：派遣医疗团队随行以保障在沙特朝觐人员的卫生健康，派遣官员同行以处理行政事务；通过文莱皇家航空公司为朝觐者提供直飞麦地那的航班，大幅缩短了到麦地那的行程。在穆斯林完成朝觐后，文莱苏丹和王室成员会亲自接见朝觐者，并设宴款待以示欢迎。高质量的公共服务向社会传达了政府对伊斯兰教的大力支持，越来越多的穆斯林在政府的指导下前往沙特朝觐。[①] 综上，伊斯兰教业已成为文莱社会运行的精神支柱和道德准则，伊斯兰教教义也成为类似国民行为规范的"准法律"，规范着文莱穆斯林的社会行为，成为确保文莱社会和谐的"黏合剂"。[②]

---

① 汪波、伍睿：《文莱的朝觐管理对文莱与沙特双边关系的影响》，《阿拉伯世界研究》2023 年第 3 期，第 109—127 页。

② 潘正秀：《文莱史纲》，世界图书出版公司，2019，第 54 页。

第二节　受万民拥戴的文莱苏丹

文莱宪法规定，苏丹是国家元首和宗教领袖，拥有立法、行政和司法等全部国家权力。国家设有 5 个委员会，即宗教委员会、枢密委员会（Privy Council）、部长委员会（Council of Ministers）、立法会（Legislative Council）和王位继承委员会（Council of Succession），以协助苏丹理政。文莱既是东南亚地区唯一的君主专制国家，也是世界上仅存的 6 个君主专制国家之一。

一　苏丹的由来

文莱最早于公元 4 世纪形成国家——摩拉跋摩王国。5 世纪初期，文莱开始确立马来伊斯兰君主制的统治地位，国王掌握国家的全部权力，是至高无上的领袖。15 世纪之前，文莱先后向邻国室利佛逝和麻喏巴歇（也称满者伯夷）称臣纳贡，当时的文莱国王阿旺·阿拉克·贝塔塔尔为改变这种状况，便向满剌加国（马六甲）寻求帮助，并在 1414 年与满剌加国正式联盟并迎娶满剌加国苏丹的女儿。文莱国王阿旺·阿拉克·贝塔塔尔还皈依了伊斯兰教，满剌加国苏丹便授予他"文莱苏丹"头衔，尊称其为苏丹穆罕默德·沙阿（Muhammad Shah[①]），即一世苏丹，文莱也因此改制为苏丹国。此后，历代文莱统治者都被称为文莱苏丹。"苏丹"一词来源于阿拉伯语，据《古兰经》，该词原指道德或精神权威，后被用于指政治权力，从 11 世纪起被穆斯林君主用作头衔。历代文莱苏丹都通过家族世袭产生，通常在上一世苏丹过世后由其长子继位。改制后的文莱苏丹国政局趋于稳定，国力日渐强盛，在 15 世纪末 16 世纪初达到鼎盛，其疆域一度包括

---

① 沙阿（Shah）是波斯语，意为国王。波斯语民族和很多非波斯语民族，如奥斯曼、花剌子模、莫卧儿帝国、格鲁吉亚等曾用此头衔。

整个加里曼丹岛和菲律宾大部分地区（包括苏禄群岛、棉兰老岛，向北直至吕宋岛）。

17世纪后，葡萄牙、西班牙、荷兰和英国等西方殖民主义者先后入侵文莱，文莱国土也因此被多次割让：1841年，沙捞越落入英国人手中；1888年9月17日，文莱与英国签订《英国文莱条约》，该条约不仅使文莱成为英国的"保护国"，还规定英国享有文莱的苏丹王位继承决定权和外交权，也拥有派驻官员掌管文莱政务的权力，文莱实质上开始沦为英国的殖民地，文莱苏丹也因此丧失了内政、外交和国防大权；1906年，英国与文莱签订条约，进一步确定文莱作为"保护国"的地位，并开始向文莱派驻官员，全面接管加里曼丹岛，苏丹只管理文莱的宗教和马来传统习俗等相关事务；1941年至1945年，文莱被日本占领。

二战结束后，英国于1946年恢复其对文莱的控制。1959年，文莱通过与英国签订宪法协议，制定了第一部成文宪法，并以此收回了部分自治权，但重要的国防、外交以及内政等权力依然掌握在英国人手中。1967年10月5日，现任苏丹哈桑纳尔继位，是为二十九世苏丹。1971年，文莱恢复了全部内部自治权，但国防和外交事务仍由英国管理。1979年英国与文莱正式签署《大不列颠与北爱尔兰王国女王陛下与文莱国苏丹和元首殿下友好合作条约》，协议规定，文莱的对外事务继续由英国负责，文莱的国防和安全则由双方共同负责。除此之外，文莱的其他事务则由文莱自己负责。1983年5月，文莱宣布，英国将于1984年1月1日放弃其掌握的文莱国防和外交权力，文莱将正式宣布完全独立。

1984年1月1日文莱正式宣布独立，在宣告独立之际，苏丹哈桑纳尔明确宣布，文莱将始终作为一个拥有主权、民主和独立地位的马来伊斯兰君主国而存在。自独立以来，苏丹政府坚定不移地实施"马来化、伊斯兰化和君主制"政策，以巩固王室的领导地位。政府重点扶持马来人及其他土著民族民众的经济，在积极推进现代化建设的同时，严格遵循伊斯兰教义，维护宗教的纯洁性。[①]独立后，文莱颁布了新的宪法，规定苏丹是国家元首、内阁首相、军队统帅、枢密院与王位继承委员会主席，拥有立法、行政和司法等全部国家权力。在2004年9月，立法院首届会议审阅并批准了宪法修正案，该修正案涵盖了司法、宗教、民俗等多个领域，其中包括授权苏丹无须立法院同意即可颁布紧急法令等法律，制定选举法以促进民众参与政治；确认伊斯兰教为国教的同时保障民众的宗教信仰自由；继续将马来语定为官方语言，同时允许将英语作为法庭工作语言等。这些改革使文莱成为东南亚地区独树一帜的真正意义上的君主制国家。

二　协助苏丹理政的内阁

文莱宗教委员会的全称是文莱伊斯兰宗教委员会（Brunei Islamic Religious Council，BIRC）。该委员会是在文莱苏丹之下管理伊斯兰事务的"最高权力机构"，其职能是就伊斯兰教相关事务向苏丹提供政策建议，在与苏丹协商后，协助苏丹制定宗教法律或政策，并交由宗教事务部执行。宗教委员会成员包括政府部长、穆夫提[②]、总检察长、首席大法官以及苏丹任命的其他成员。

枢密委员会是文莱苏丹的正式顾问机构，截至2023年9月该机构共有30名成员，主要为文莱王室成员和高级政府官员，均由苏丹任命。该委员会于1959年依据文莱宪法成立，负责就文莱的宪法修正案、荣誉头衔和礼仪性职位问题以及摄政、继承等问题向苏丹提供建议。虽然枢密委员会没有实质性的权力，但文莱王室成员主要通过

---

① 《文莱政治》，中国 – 东盟中心网站，http://www.asean-china-center.org/2010-06/17/c_13354
368.htm，最后访问时间：2024年11月14日。

② 穆夫提（Mufti）是有资格发布教令（Fatwā）的高级伊斯兰教法学者和高级宗教法官。
大穆夫提是逊尼派或艾巴德派国家的最高宗教法律权威和官员。

该委员会参与文莱政治。

部长委员会（内阁）是文莱的高级官员机构，由首相（苏丹）、首相府高级部长（王储）、行政部门的各部部长和副部长组成，履行政府的日常行政职能。部长都由苏丹直接任命，并且直接对苏丹负责，通常每 5 年改组和提名一次。

立法会是全国性的立法机构，可通过维护治安和管理国家的法律，如立法会未通过政府提出的某些法案和建议时，苏丹可以国家利益的名义宣布法案和建议成为法律。[①] 此外，立法会也可以在非公开会议上就年度预算提案进行辩论，但苏丹同样可以在未经立法会同意的情况下通过国家财政预算。1984 年 2 月，苏丹宣布终止立法会，立法以苏丹圣训方式颁布。2004 年，苏丹宣布恢复立法会。2023 年 1 月，苏丹任命本届立法会议员，议长拉赫曼连任，议员包括苏丹、王储比拉等内阁成员、各区县代表及社会贤达共 34 人。[②]《文莱达鲁萨兰国宪法》规定，除第 30 条另有规定外，凡年满 21 岁的文莱达鲁萨兰国公民（摄政王除外）均有资格成为立法会议员。

王位继承委员会负责在必要时决定文莱王位的继承人。1959 年的《继承和摄政公告》对王位继承、法定年龄要求和摄政时长作出了规定。通常情况下，苏丹会在其有生之年任命一位王储作为其继承人。如果苏丹没有指定继承人，则由继承委员会指定继承人。必要时，由苏丹任命的摄政委员会负责管理所有政府事务，直至指定的继承人成年。王位继承委员会和摄政委员会均由文莱世袭贵族组成。[③] 文莱的王位继承遵循长子继承制，即由君主在世的最年长的合法儿子继承王

---

① Tey, et al., "Brunei's Revamped Constitution: The Sultan as the Grundnorm?" *Australian Journal of Asian Law*, No. 2, Vol.9, 2007, pp.264–288.

② 《文莱国家概况》，中华人民共和国外交部网站，https://www.mfa.gov.cn/web/gjhdq_676201/gj_676203/yz_676205/1206_677004/1206x0_677006/，最后访问时间：2024 年 11 月 14 日。

③ J. S. Sidhu, *Historical Dictionary of Brunei Darussalam*, Rowman & Littlefield, 2016, p.33.

位，继承顺序由宪法规定。

第三节　全国遵循的马来化政策

　　文莱的主体民族是马来族，文莱推行马来化政策，国民应始终遵循传统的马来文化与习俗，马来族也因此享有不可置疑的特权。这一政策是为了确保马来族作为主体民族的权利，从而达到维护文莱王室统治的目的。一是政治上，文莱规定除信仰伊斯兰教的马来人外，其他人没有资格被任命为大臣和副大臣等有影响力的政府职位。文莱国家机关的公务员通常由马来人担任，当地华人和印度族裔及土著民族居民中仅有个别人能够得到苏丹的任命册封，作为政府的代表来管理本民族的事务，其中华人最高可以册封为天猛公（Temenggong）和甲必丹（Kapitein），印度裔人则是佩欣（Pehin）、达图（Dato）等。[①]还有公民权问题。在文莱，只有具有公民权的人才能购置地产、享有公民权利。但文莱国籍法规定，只有在文莱出生，并属于政府承认的原住民族（即马来族和土著民族）的人，才可被视为文莱公民。除此以外，其他人都是非公民。非公民也可申请文莱国籍，但条件相当苛刻。二是经济上，文莱政府号召和鼓励马来族公民广泛参与各个经济部门的工作，甚至在国家经济发展规划中鼓励和培养马来族公民成为工商企业领导人。在利润丰厚的石油和建筑行业，官方要求企业更多雇佣马来族公民，并且鼓励提拔马来族员工。三是教育上，文莱规定华侨学校必须开设马来语和伊斯兰教课程。

---

　　① 刘新生、潘正秀编著《列国志·文莱》，社会科学文献出版社，2005，第65页。

第五章 "东方石油小王国"的财富秘诀

传统上，文莱是一个经济结构比较单一的国家，其经济主要依靠传统农业和沿海渔业。经过多年的努力，目前文莱在油气能源领域确保经济收入的同时，积极发展渔业、农业、运输业、旅游业和金融服务业等多种行业，经济多元化发展取得了一定的效果。

第一节 扬起油气产业的风帆

20世纪初，文莱境内发现石油和天然气，此后文莱经济开始依赖石油、天然气的出口，文莱一跃成为"东方石油小王国"。近年来，文莱政府逐步实施经济多元化发展战略，力求转变经济过于依赖油气产业的单一经济模式。

一 文莱油气开采的历史

1899年，西方的石油公司开始在文莱进行石油勘探，虽然没有直接开采到石油，但是探测到了文莱的石油蕴藏。1929年，在马来奕区的诗里亚镇建成文莱第一口油井，诗里亚油田也因此被称为"文莱石油的摇篮"。从此以后，文莱被称为"东方石油小王国"，在其石油日产量于1979年达到26.1万桶的峰值后，文莱政府开始实施严格控制石油产量的政策，近年来文莱石油日产量一直保持在10万桶左右。20世纪60年代初，文莱开始开发天然气资源。但由于运输条件限制，无法将天然气装运出口，因此文莱的天然气产量一直受限。直至1969年正式成立文莱液化天然气公司（Brunei Liquefied Natural Gas，BLNG），能够将天然气转化为液化气后直接用船装运出口，文莱的天然气产量才开始大幅增加。得益于此，1973年文莱与日本签订了天然气长期购销协议，天然气日产量由1973年的566万立方米大涨到1976年的227万立方米。1993年，文莱又与韩国签订天然气长期购销协议。

1991年时，文莱政府为纪念文莱生产第十亿桶原油，便在诗里亚油田第一号油井附近树立了一座纪念碑。纪念碑基座上有三个黑色牌匾，左边两个上书纪念碑的设计理念介绍及纪念碑设立日期，右边的牌匾则是庆祝文莱石油天然气开采75周年时新设立的，设立日期为2004年5月8日。诗里亚油田是加里曼丹岛西北部最大的油田，现由文莱壳牌石油公司运营，是文莱财富的重要来源，从这个地方开采石油和天然气所创造的收入占了文莱全国收入的90%。

现在走在诗里亚镇的道路上，如果不是四处可见的壳牌公司的标志和用于储存油气的巨大油桶，大概没有人会将这座平静的小城和珍贵的石油联系起来。诗里亚镇既不像斯里巴加湾市那样花天锦地，也没有中东石油开采地区那般热闹繁华，有的只是低矮的房子和传统的伊斯兰建筑，住在此处的居民亦是十分低调谦和，就连纪念碑所在的庞大地标性公园也成为当地居民日常消遣娱乐之地。

二　文莱油气开采的现状

石油和天然气产业一直都是文莱的支柱产业，与整个国家的经济状况密切相关。文莱的油田在陆地和海洋均有分布，其中陆地油田共有3个，分别是诗里亚油田、拉骚（Rasau）油田和白鹭（Egret）油田，面积共计2175平方公里。由于持续性的开发，陆地油田日渐枯竭。文莱于1954年开始开发海上油田。目前文莱有7个海上油田，分别是冠军（Champion）、西南艾姆巴（Southwest Amba）、费尔里（Fairly）、费尔里－巴拉姆（Fairly-Baram，与马来西亚共管）、迈格帕（Magpei）、甘纳特（Gannet）、铁公爵（Iron Duke）。这七大油田共有 46 个钻井平台，490 多口油井，1300 公里海底输油与输气管道。文莱几乎有 90% 的石油和商用天然气出自上述海上油田。[①]2021年 3 月，文莱宣布文莱壳牌石油公司对深水油井，即梅尔巴 1 号深井（Merbah Deep-1 井）和贾古斯－萨布斯拉斯特 1 号深井（Jagus-Subthrust-1 井）进行勘探钻井作业，计划在未来 5 年内将石油产量提高两倍。同年 4 月，文莱和马来西亚签署一项协议，两国在海上边界开发古穆苏特－卡卡普（Gumusut-Kakap）和格隆贡－贾古斯（Geronggong-Jagus）东部海上油田，作业任务由马来西亚国家石油公司（Petronas）和文莱国家联合秘书处（NUS）承担。[②]

在文莱，天然气多与石油相伴而生，除了少数油田仅生产石油或天然气外，其他大部分油田两种资源都能开采。文莱的天然气开采虽然晚于石油，但文莱也是东盟国家中天然气工业发展最早的国家之一，而今文莱也成为东南亚地区主要的天然气生产和出口国。

虽然文莱油气资源丰富，但油气资源的勘探与开发不仅需要耗费巨资，而且对技术也有很高的要求，此外还存在巨大的开发风险。因此，文莱政府选择与荷兰、英国合作进行勘探与开发，主要采取联合开发、引进外资等方式获取相关的技术与资金。其中，荷兰皇家壳牌集团（Royal Dutch Shell Group of Company）是最早进入文莱的油气

---

① 中国商务部对外投资和经济合作司、商务部国际贸易经济合作研究院、中国驻文莱大使馆经济商务处：《对外投资合作国别（地区）指南：文莱》（2023 年版），中华人民共和国商务部网站，2024 年 4 月，http://www.mofcom.gov.cn/dl/gbdqzn/upload/wenlai.pdf，最后访问时间：2024 年 4 月 8 日。

② Felicity Bradstock, "Southeast Asia Looks To Increase Offshore Oil Production," Oil Price, April 8, 2021, https://oilprice.com/Energy/Crude-Oil/Southeast-Asia-Looks-To-Increase-Offshore-Oil-Production.html，最后访问时间：2023 年 8 月 31 日。

开发公司，1913 年壳牌集团就开始在文莱开展油气勘探工作，终于在 1929 年成功在诗里亚镇探测到高产的油田，之后成立了文莱壳牌石油公司，专门负责勘探和开采文莱的石油。该公司多年来一直是文莱唯一的石油生产商。后来，在文莱政府"本土化"政策的要求下，文莱政府与壳牌集团各自占有文莱壳牌石油公司 50% 的股份，文莱壳牌石油公司成为文莱的国家石油公司。[①] 此外，荷兰皇家壳牌集团还与文莱政府及日本企业成立了 3 家合资公司（见表 5-1），即文莱壳牌销售公司（Brunei Shell Marketing，BSM）、文莱液化天然气公司、文莱天然气运输公司（Brunei Gas Carriers Sendirian Berhad，BGC）。

表 5-1　文莱壳牌石油公司及其合资子公司

公司名称	成立年份	合资方	股权构成
文莱壳牌石油公司（BSP）	1975 年	文莱政府、荷兰壳牌	50%：50%
文莱壳牌销售公司（BSM）	1975 年	文莱政府、荷兰壳牌	50%：50%
文莱液化天然气公司（BLNG）	1969 年	文莱政府、荷兰壳牌、日本三菱	50%：25%：25%
文莱天然气运输公司（BGC）	2005 年	文莱政府、荷兰壳牌、日本三菱	80%：10%：10%

资料来源：文莱经济规划与统计局、壳牌集团《投资者手册》。

第二节　单一经济发展模式的利弊

1929 年，壳牌集团在文莱发现了大量石油储藏，文莱迅速成为英联邦第三大石油来源国。从此开始，"石油租金"（Oil Rent）成为维系文莱经济体系运转的关键，文莱因此开始从一个以农业为主的经济体转变为一个"食利国家"（Rentier State）。所谓"石油租金"，即一国基于对石油资源的所有权和独占权而赚取的高于石油成本的收入。

---

① 姚元园：《文莱油气产业发展现状与转型评析——基于石油公司竞争力的分析视角》，《东南亚纵横》2013 年第 5 期，第 37 页。

富油国通过收取大量"石油租金"推动该国的经济社会发展，这种发展模式被伊朗学者侯赛因·马赫达维称为"食利国家"模式。这些"食利国家"大多依靠单一生产部门创造收入。政府将这些收入集中整合后，通过国家再分配机制用于民生和经济社会发展，从而维持政治与社会的稳定。文莱便是典型的"食利国家"，凭借着丰富的油气资源和较少的人口，直接成为东南亚人均GDP最高的国家之一。可以说丰厚的"石油租金"既是经济稳定的润滑剂，也是苏丹政权存续的经济基础。

文莱当地人常说，文莱是上天眷顾的国家。油气资源所带来的滚滚财源，使文莱一度成为全球最富裕的国家之一。但"食利国家"模式也有诸多弊端。一是"食利国家"模式导致文莱的经济结构过于单一，国民经济容易受到石油和天然气价格波动的影响。自1990年以来，文莱70%—93%的国家收入来自石油和天然气行业，油气产业可以说是该国的主要经济支柱。[1] 2014年国际油价暴跌，油气市场持续低迷，文莱经济因此受到巨大冲击，国内生产总值连续三年负增长，对外贸易大幅缩水，财政收入锐减，赤字严重。近年来，受俄乌冲突、新冠疫情以及全球融资环境收紧的不利影响，2022/2023财年，文莱财政预算收入52.4亿文莱元，预算支出47.2亿文莱元。[2]巨额的赤字和不断消耗的国库令文莱意识到调整单一经济结构，制定经济多元化发展战略已经迫在眉睫。

二是"食利国家"模式影响了文莱政府和家庭对人力资本积累的重视程度，甚至产生"挤出效应"。一方面，政府由于过度依赖资源

---

[1] A. Croissant, *Brunei Darussalam: Malay Islamic Monarchy and Rentier State* (Cham:Springer International Publishing, 2022), pp.21-38.

[2] 中国商务部对外投资和经济合作司、商务部国际贸易经济合作研究院、中国驻文莱大使馆经济商务处：《对外投资合作国别（地区）指南：文莱》（2023年版），中华人民共和国商务部网站，2024年4月，http://www.mofcom.gov.cn/dl/gbdqzn/upload/wenlai.pdf，最后访问时间：2024年4月8日。

出口带来的收益，而将大部分财政预算拨给油气相关产业，忽视了在人才培养、技术研发等方面的投入。另一方面，文莱国民多从事油气相关产业，所处的就业领域以初级产品部门为主，接受教育无法显著提高其个人收益，再加上政府向其提供"从摇篮到坟墓"的高福利，因而个人缺乏接受教育的激励，国家人力资本指数有待提升。相关数据显示，2020年文莱高等教育毛入学率为33%，虽然较2000年的13%有明显提升，但仍大幅落后于同为高收入东南亚国家的新加坡，甚至低于世界平均水平。[①] 2024年文莱的创新指数为22.6，在132个国家（地区）中位列第88位，在51个高收入经济体中排名第50位，其在创新领域的表现与其经济发展水平有明显差距。[②]

三是"食利国家"模式一定程度上限制了文莱政府的财政手段。由于文莱国民长期享受着由国家提供的高福利和高补贴，当国际能源价格下跌或其他国家财政收入骤减时，文莱政府为了维持社会稳定必须审慎考虑削减福利，甚至还要提高国家补贴标准以缓解国内民生压力，最终大部分财政收入被用于补贴，政府财政调控能力受到限制，限制了政府的经济政策回旋余地，不利于国家通过投资等方式对经济进行逆周期调节。

第三节　探寻多元经济的发展之路

石油和天然气及其相关产业是文莱的主要经济支柱，但也导致了文莱经济结构单一、经济发展过分依赖石油和天然气的问题。为此，文莱自1994年起就启动了经济多元化发展战略，积极鼓励、支

---

① 联合国教科文组织统计研究所：《入学率，高等院校（占总人数的百分比）》，世界银行网站，https://data.worldbank.org.cn/indicator/SE.TER.ENRR?end=2020&locations=SG-BN&start=2000，最后访问时间：2024年6月12日。

② "Brunei Darussalam Ranking in the Global Innovation Index 2024," WIPO, 2024, https://www.wipo.int/gii-ranking/en/brunei-darussalam，最后访问时间：2024年11月14日。

持油气以外的产业发展;文莱第八个"国家发展五年计划"(2001—2005年)更是重点关注调整单一经济发展结构,促进经济发展多元化;2008年,为了更好地实现经济多元化发展,文莱政府提出了文莱中长期发展规划——"文莱2035宏愿",并相应制定了一系列发展战略。经多年努力,在持续发展油气产业链的同时,努力推动出口加工业、农业、渔业以及物流业、金融业、旅游和信息服务业等的发展,经济多元化的成果已初步显现。

一 促进油气行业快速转型

文莱油气行业以石油和天然气出口为主,为此,文莱从两方面入手,促进油气行业快速转型。一是寻求能源供应多元化,特别是可再生能源的开发。2012年以来,文莱推出了一系列措施支持相关产业发展,其中包括成立推动新能源发展的智库——文莱国家新能源研究所,并推出一系列政策鼓励新能源技术研发。文莱能源部战略研究中心启动了国家替代能源研究计划,探讨开发可再生能源的可行性,同时该中心也开展了国家能源效应及节能研究计划,探寻更多可行的节能措施。2012年文莱能源部公布了《长期战略报告》,[1]将开发可再生能源列为国家能源政策长期目标,以改变国家经济结构高度依赖石油和天然气的局面。该报告称,政府推行国家能源政策,分为短期措施及长期措施,短期措施以提高能源效益及节能为主,长期措施以开发可再生能源为主。报告提出了十大策略:减少工业排放、增加森林面积、普及电动汽车、利用可再生能源、加强电力管理、实施碳定价、减少废物量、提高适应气候变化能力、监控并报告碳排放量和强化认知教育。2014年颁布的《文莱能源白皮书》指出,文莱计划到2035

---

① "10 Key Strategies to Shape Brunei Darussalam to a Low-Carbon and Climate-Resilient," Brunei Darussalam National Council on Climate Change,September 15,2023,https://climatechange. gov.bn/SitePages/Pages/bnccp-goals.aspx,最后访问时间:2024年4月8日。

年实现可再生能源发电量占总发电量的 10%，主攻方向包括太阳能光伏发电和废弃物发电。[①] 此外，文莱还同其他 70 多个国家与组织签署支持全球清洁能源转型的声明，文莱承诺扩大清洁发电设备部署，停止新发燃煤发电许可证，禁止新建燃煤发电项目。2008 年 8 月，文莱政府与日本三菱签署备忘录，合作建设一座实验性太阳能电站——泰纳加苏里文莱（Tenaga Suri Brunei）光伏实验电站。[②] 该项目是文莱首个太阳能光伏发电站，于 2011 年 5 月正式投入运营。项目装机容量为 0.12 万千瓦，每年发电 133 万千瓦时，仅能供 200 户使用。除了上面常见的清洁能源发电，文莱还与日本共同开发氢能源。2018 年文莱与日本在文莱双溪梁工业园区（SPARK）建立了全球第一个氢气供应链示范工厂。项目于 2019 年 12 月正式启动，目前进展顺利。文莱还与日本达成了氢能输送协议。

二是延长油气产业链，促进相关产业发展。为此，文莱政府加大招商引资力度，在油气能源领域确保产业收入的同时，更注重油气产业链的建设。以中国在文莱的最大投资项目——恒逸石化大摩拉岛综合炼化项目（以下简称"大摩拉岛项目"）为例。大摩拉岛项目是文莱近年来最大的外国直接投资（FDI）项目，由中国浙江恒逸集团与文莱政府联合设立的合资企业——恒逸实业（文莱）有限公司运营。该项目是千万吨炼油、化工一体化项目，文莱因此项目第一次大规模生产汽油、柴油、航空煤油等化工产品。该项目对延长文莱石化产业链、促进就业、带动相关产业发展以及助力文莱经济多元化发展具有重要作用。此外，在项目的建设及运营期，项目扶持和带动了一批文

---

① "Brunei Darussalam," ASEAN-German Energy Programme, 2019, https://agep.aseanenergy. org/wp-content/uploads/2019/01/1.-2018_Country-Profile_BN-Brunei_19122018_Final-1.pdf, p.5, 最后访问时间：2024 年 11 月 14 日。

② "Tenaga Suria Brunei-Brunei's Very Own Solar Farm," SolarBrunei, https://solarbrunei. com/2015/11/19/tenaga-suria-brunei-bruneis-very-own-solar-farm/, 最后访问时间：2024 年 11 月 14 日。

莱本土中小企业发展。据统计，项目一期共与 109 家文莱本地供应商建立合同关系，累计在工程服务、物资采购、进出口物流等方面完成本地支付 5.15 亿文莱元，占总支付金额的 15%。[①]

二 加快非油气产业发展

文莱早在第二个"国家发展五年计划"（1962—1966 年）中开始尝试经济多元化，在第三个"国家发展五年计划"（1975—1979 年）中经济多样化更是被视为一项重要的发展议程。[②]

（一）鼓励发展进口替代和出口导向型工业

针对文莱长期经济结构单一、工业基础薄弱的问题，为发展工业，文莱在独立之时便成立了工业和初级资源部，旨在通过改善投资环境为文莱国内外工商企业投资创造良好条件。后该部更名为初级资源与旅游部，并将石油和非初级产业的监督权移交给首相府办公室。

具体来说，在采矿业方面，文莱目前主要开采的矿物是碳酸盐岩、煤、硅砂等，但受保护热带雨林的相关政策影响，能够进行勘探和开采的范围有限，主要生产少量水泥、建筑骨料和砂石，供当地建筑业使用。

在制造业方面，2023 年文莱制造业（仅包括服装与纺织业、食品与饮料生产加工业，以及其他小型制造业）的生产总值为 2.79 亿文莱元。[③] 具体包括以下几类：水泥生产、预制混凝土构件生产、成衣制作、矿泉水和罐头食品生产、乳制品生产以及出版印刷。针对文莱

---

① 《文莱湾石化"梦工厂"承载发展宏愿》，《人民日报》2021 年 1 月 3 日，第 3 版。

② "RKN Journey: Overview of National Development Plans (NDPs)," Department of Economic Planning and Statistics，https://deps.mofe.gov.bn/SitePages/RKN%20Journey.aspx，最后访问时间：2024 年 11 月 14 日。

③ "Gross Domestic Product, Q4 and Annual 2023," Department of Economic Planning and Statistics，https://deps.mofe.gov.bn/DEPD%20Documents%20Library/DOS/GDP/2023/RPT_Q4.pdf，p.12，最后访问时间：2024 年 11 月 14 日。

制造业过往发展缓慢、国外投资难以进入等问题，文莱政府制定了一个"先驱行业计划"（Pioneer Industries），即对那些符合文莱发展需要、有良好发展前景的行业或公司进行认证，并根据其在当地的投资金额、落户情况、存续时间给予 5 年到 20 年的税收优惠。税收优惠包括免征所得税，免征机械设备、零部件、配件或建筑构件的进口关税，豁免生产所需原材料的进口关税，以及给予亏损和津贴结转政策优惠。①

建筑业是文莱经济的重要组成部分，2023 年文莱建筑业的生产总值为 4.76 亿文莱元。② 随着经济的发展和城市化进程的加快，未来文莱对住宅、商业场所、公共设施等各类建筑项目的需求将进一步扩大。文莱建筑行业主要得益于政府资助项目的支持。最重要的项目便是发展部下属住房发展局的国家住房计划（National Housing Scheme）和无地土著公民住房项目（Landless Indigenous Citizens' Housing Project），此类计划或项目旨在为文莱公民提供便捷、低成本的住房。其他国家项目则主要集中在基础设施领域，如水电站大坝、综合废物管理系统、市政项目以及大型石化中心等。发展部下属的建筑管制和建筑业管理局与文莱建筑行业密切相关，主要通过安全检查、质量标准化活动来管理建筑业。文莱大型建筑工程主要由政府和文莱壳牌石油公司投资，为促进本国建筑业发展，文莱政府尽可能地将建筑工程承包给本国公司。外国公司必须与当地公司组建合资企业，或将工程分包给当地公司，才能参与文莱的基础设施建设项目。

---

① "Pioneer Industries," Ministry of Primary Resources & Tourism, September 15, 2023, http://mprt.gov.bn/SitePages/Pioneer%20Industries.aspx，最后访问时间：2024 年 4 月 8 日。

② "Gross Domestic Product, Q4 and Annual 2023," Department of Economic Planning and Statistics, https://deps.mofe.gov.bn/DEPD%20Documents%20Library/DOS/GDP/2023/RPT_Q4.pdf, p.12，最后访问时间：2024 年 11 月 14 日。

（二）大力扶持国内农业和畜牧业发展

大力扶持文莱国内农业和畜牧业的发展，既是为了推动经济多元化发展，也是出于对食品供应安全的重视，以免未来食品供应链受制于人。文莱政府在初级资源与旅游部设置了农业和农产品局，负责管理农业和畜牧业。在"文莱2035宏愿"中，文莱政府设定了到2020年将农业产值提高到10亿文莱元，到2035年提高到39亿文莱元的目标。[①]

截至2023年，文莱的农业和农产品加工行业展现出稳健的发展态势。用于畜牧业的土地面积为2152.37公顷，用于种植业的土地面积为5238.59公顷，总计达到了7390.96公顷。在产值方面，畜牧业贡献了3.16亿美元，种植业产值为6826万美元，同时农产品加工业亦创造了1.70亿美元的巨大产值，农业整体产值高达5.55亿美元。从业者的数量也相当可观，其中畜牧业有401人，种植业领域则有4448人，农产品加工业也有343人，三者合计共5192人。劳动力的投入同样重要，畜牧业雇用了2059名工人，种植业雇用了2111名，农产品加工业则有4540名，总劳动力达到8710名。[②]

文莱可用于农业生产的土地相对有限，但各区的农业发展区域都有其独特的农业发展特点和资源分配策略。文莱－摩拉区的公告面积为4476.16公顷，其中分配给农民的面积为1940.76公顷，而用作站点和其他的面积为1186.71公顷；都东区的公告面积为1912.69公顷，分配给农民的面积为625.33公顷，用作站点和其他的面积为340.34公顷；马来奕区的公告面积为1507.81公顷，分配给农民的面积为906.36公顷，用作站点和其他的面积为460.74公顷；淡布隆区的公告

---

① 《文莱挖掘石油以外商机》，联合早报网，2020年3月，https://www.zaobao.com.sg/zfinance/ news/story20200315-1037175，最后访问时间：2024年11月14日。

② "Agriculture & Agrifood Statics 2023," Agriculture and Agrifood Department，http://www. agriculture.gov.bn/SitePages/Agriculture%207and%20Agrifood's%20Statistic.aspx，最后访问时间：2024年11月14日。

面积为 1629.18 公顷，分配给农民的面积为 291.42 公顷，用作站点和其他的面积为 616.25 公顷。总体来看，文莱所有区的公告总面积达到了 9525.84 公顷，分配给农民的面积为 3763.87 公顷，而用作站点和其他的面积为 2604.04 公顷。[①] 而且随着各种基础设施、建筑的扩建，文莱能够用于生产的土地势必需要产生更多的附加值，预计未来增长将由以下因素共同推动：技术创新、种植业和畜牧业投资水平的提高、高产作物品种的使用以及下游产业链的延伸。

在 2016 年，苏丹哈桑纳尔高瞻远瞩，提出了稻米自给自足的战略目标，这一举措无疑为文莱的农业发展指明了方向。自那时起，文莱政府便积极响应，将大量资源和精力投入水果、水稻种植以及畜牧业中，力求实现产量的大幅增长和自给率的显著提高。经过数年的精心耕耘与不懈努力，2022 年，文莱在畜牧业领域取得了显著发展。特别值得一提的是，肉鸡和鸡蛋的自给率达到了令人瞩目的 100%，这不仅标志着文莱在畜牧业上的重大突破，也为文莱国内农产品市场的稳定供应提供了坚实保障。同时，牛肉的自给率也提升至 39.9%，显示了文莱在牛肉生产上的显著进步。然而，羊肉的自给率相对较低，仅为 3.9%。在畜牧业的其他方面，文莱同样取得了不俗的成绩。鸡苗的自给率高达 90.2%，表明文莱在种禽繁育上具有较强的实力，而种蛋的自给率也达到了 77.6%，为家禽养殖业的发展提供了有力的支撑。不过，在牲畜饲料方面，文莱的自给率仅为 39.7%，这意味着饲料的研发和生产仍需加强。在种植业方面，尽管文莱取得了一定的进展，但目前尚无任何产品能够完全实现自给自足。其中，热带蔬菜的自给率为 68.5%，虽然这一成绩已经相当可观，但仍有待进一步提高。热带水果的自给率为 37.7%，显示出文莱在水果种植方面的潜力和挑

---

① "Agriculture&Agrifood Statics 2023," Agriculture and Agrifood Department，http://www.agriculture.gov.bn/SitePages/Agriculture%20and%20Agrifood's%20Statistic.aspx，最后访问时间：2024 年 11 月 14 日。

战并存。大米作为苏丹哈桑纳尔提出的重点关注对象，其自给率仅为 8.4%，因此水稻种植和加工方面还需加大投入和研发力度。此外，杂粮作物和观赏性植物的自给率分别为 10.6% 和 80.9%，鲜切花的自给率仅为 3.6%。展望未来，文莱将继续致力于提高农业领域的自给率，确保国家粮食安全和经济的稳定发展。[①]

（三）重视林业资源的保护与合理利用

文莱林业资源丰富，2020 年森林面积 38 万公顷，其中自然再生林 37.5 万公顷，种植林 0.5 万公顷，[②] 森林覆盖率为 72.11%，其中森林约占陆地面积一半。丰富的森林资源给文莱带来巨大的社会、经济和环境效益。因此，文莱十分重视对森林资源的保护，要求林业部门在推进经济多样化发展方面发挥更大的作用，强调以可持续方式来管理森林资源，并推行强有力的森林管理政策和法律，严格限制森林砍伐和原木出口。

文莱林业局是负责管理森林资源的主要政府机构，也是文莱最早设立的政府机构之一，目前隶属于初级资源与旅游部。林业局主要负责林地总体规划、开发和管理，虽然其他国有土地中的林地、保留地等的总体管理责任属于各政府机构或个人，但林业部门按照森林法律规定仍然具有管理这些土地上的林木和其他森林产品采伐与利用的职责。为了保护这些森林资源免受任何非法活动的影响，林业部门会定期组织水、陆、空三种方式的森林巡护，同时也会与政府的其他执法机构，包括文莱皇家警察部队、文莱皇家武装部队等开展森林巡逻联

---

① "Agriculture & Agrifood Statistics in Brief 2022," The Bureau of Fisheries of the Ministry of Primary Resources and Tourism of Brunei Darussalam，January 2023，http://agriculture.gov. bn/SiteCollectionDocuments/Statistik/Agriculture%20%26%20Agrifood%20Statistics%20 in%20Brief%202022.pdf，最后访问时间：2023 年 9 月 5 日。

② 《2020 年全球森林资源评估：主报告》，联合国粮食及农业组织网站，2021 年 7 月 5 日，https://www.fao.org/documents/card/zh?details=ca9825zh，最后访问时间：2023 年 11 月 23 日。

合行动。

从 1997 年开始，为推动林业长期发展，保护自然环境，文莱实行"砍一树，种四树"和每年采伐 10 万立方米限额（价值 2700 万文莱元以内）的伐木政策（主要满足国内市场需要）。另外，文莱还把林业产值列入国内生产净值，其减少采伐的政策和发展高附加值生物技术产业的做法都对保护森林资源起到了重要作用。2023 年文莱林业 GDP 共计 0.24 亿文莱元。[①]

文莱十分重视林业资源的保护与合理利用，为满足国民对公共户外娱乐的需求，制定了发展森林休闲公园的战略，在森林内建立休闲公园，对维护文莱的生态系统和保护生物多样性具有至关重要的作用，成为合理利用自然资源的典范。文莱最著名的森林公园是位于淡布隆区的乌鲁淡布隆国家公园。这里有 5 万公顷原始热带雨林，这是世界上最具多样化的生态系统之一。园内有菩提树等世界名贵树种，还有多种珍稀动物，总计有 180 多种树木、36 种蛙类、180 多种蝴蝶、200 多种鸟类，而且在一棵树上同时栖息着 400 多种不同类型的甲虫。

（四）重点发展渔业及相关产业

文莱处于东南亚地区的中心位置，靠近南海，水质条件好，海洋渔业资源丰富。近年来，文莱政府大力促进经济多元化发展，海洋渔业成为重点发展的产业之一，被称为文莱的"菜篮子"工程。文莱政府将渔业列为重点发展领域，在推行保护海洋渔业资源政策的同时，大力发展水产养殖业。政府主动设立新型渔业设施、进行港口升级改造、提供奖励和培训等，并且鼓励外资与文莱本地公司开展渔业合作，为渔业加工业发展提供各种便利。

---

① "Agriculture & Agrifood Statics 2023," Agriculture and Agrifood Department，http://www. agriculture.gov.bn/SitePages/Agriculture%20and%20Agrifood's%20Statistic.aspx，最后访问时间：2024 年 11 月 14 日。

文莱渔业资源丰富，有各种海洋鱼类（尖吻鲈、金枪鱼等）、海洋甲壳动物（蓝虾、斑节对虾、基围虾等）、海洋软体动物及淡水鱼类等。[①] 文莱初级资源与旅游部渔业统计数据表明，2023 年，文莱渔业产量为 19373.6 吨，共计 1.43 亿文莱元，不到 2023 年 GDP 的 1%。[②] 渔民和水产养殖从业人员分别为 2195 人和 446 人。[③] 文莱渔业以捕捞为主，2023 年捕捞产量 17683.6 吨，占渔业总量的 91.28%。渔业捕捞价值 1.28 亿文莱元，占渔业总产值的 89.82%。[④] 近年来，为实现渔业可持续发展，文莱政府不仅制定了渔业限制法令，还对商业渔船及小型渔船作业范围、吨位大小、渔具装备及国外渔船进行更加细致的管理。文莱渔业局还采取设立保护区、积极推动海洋生态复原计划等一系列海洋生态保护措施。

文莱 2023 年水产养殖的产量为 1690 吨，占渔业总量的 8.72%，创造了 0.15 亿文莱元的产值，占渔业总产值的 10.18%。文莱水产养殖包括海水养殖、半海水养殖及淡水养殖，主要的经济鱼类为布氏石斑鱼、鲷鱼、鲈鱼、老虎斑、巨型海水鱼，还有观赏鱼及南美蓝对虾等。其中，对虾养殖是文莱水产养殖的主要产业，2023 年对虾养殖产量为 1478.6 吨，占水产养殖产量的 87%，创造了 0.12 亿文莱元的产

---

① 韩杨等：《中国南海周边国家和地区海洋捕捞渔业发展趋势与政策——基于中国与印度尼西亚、菲律宾、越南、马来西亚、文莱、中国台湾地区的比较》，《世界农业》2016 年第 1 期，第 3 页。

② Department of Economic Planning and Statistics，"Brunei Darussalam Statistical Yearbook 2023，"Ministry of Finance and Economy，2024，https://deps.mofe.gov.bn/SitePages/Statistical%20Publications.aspx，最后访问时间：2024 年 11 月 15 日。

③ Fisheries Country Profile，"Fisheries Country Profile：Brunei Darussalam，"SEAFDEC，2022，http://www.seafdec.org/fisheries-country-profile-brunei-darussalam/，最后访问时间：2023 年 11 月 26 日。

④ Department of Economic Planning and Statistics，"Brunei Darussalam Statistical Yearbook 2023，"Ministry of Finance and Economy，2024，https://deps.mofe.gov.bn/SitePages/Statistical%20Publications.aspx，最后访问时间：2024 年 11 月 15 日。

值，占渔业总产值的 83%。① 文莱重视渔业经济发展，但仍处于渔业发展的初级阶段，主要表现为养殖技术薄弱、专业分工不具体，以及本国专业人才有限。

2023 年，文莱水产品加工量为 3111.1 吨，占渔业总量的 13.84%，创造了 0.22 亿文莱元的产值，占渔业总产值的 13.09%。其中，冷冻食品产量为 2657.1 吨，价值 1832.2 万文莱元。② 无论是从产量还是从商业价值来看，冷冻食品都是水产品加工行业的主流。但同时也说明，文莱的水产品加工依然处于加工简单、附加值较低的阶段。

（五）积极打造国家清真品牌

随着穆斯林人口的逐渐增长，清真产业也受到更多的关注。清真产品涵盖领域众多，从畜牧业、食品业、物流业到制药业、保健品业、化妆品业和金融业，以及蓬勃发展的旅游业和酒店业，都可以看到清真经济中的产业关联效应。而且清真产业已发展出自身的产业链、产业支持服务和监管框架，并在发展过程中融入了可持续发展和环境责任的理念。

文莱作为典型的伊斯兰国家，自然也注意到清真产业的发展趋势，并且积极打造国家清真品牌，向全世界推广。2000 年文莱颁布实施清真食品认证及标签等法律和相关法规。在文莱第九个"国家发展五年计划"（2007—2012 年）中将清真产业列为国家发展资源。③ 2007 年 8 月，在工业和初级资源部、宗教委员会宗教事务部等多个政府机构的倡议下，"文莱清真食品"（Brunei Halal Foods）品牌正式获

---

① Department of Economic Planning and Statistics，"Brunei Darussalam Statistical Yearbook 2023," Ministry of Finance and Economy，2024，https://deps.mofe.gov.bn/SitePages/Statistical%20Publications.aspx，最后访问时间：2024 年 11 月 15 日。

② Department of Economic Planning and Statistics，"Brunei Darussalam Statistical Yearbook 2023," Ministry of Finance and Economy，2024，https://deps.mofe.gov.bn/SitePages/Statistical%20Publications.aspx，最后访问时间：2024 年 11 月 15 日。

③ N. F. Azmi, et al., "Maqasid Shariah in the Manufacturing Industry: A Review", *International Journal of Modern Trends in Social Sciences*, No.4, Vol.18, 2021.

得批准，从而确保了文莱清真产业（尤其是清真食品）的合法性，并由加尼姆国际公司（Ghanim International Corporation）负责经营。"文莱清真食品"品牌旨在为文莱食品工业发展提供发展平台，特别是为当地中小微企业、食品原材料种植者等提供生产机会。2010年1月，文莱政府颁布全球首个清真药品加工标准，并推出《清真药品指南》。同年文莱还成立清真产业创新中心（HIIC），2015年又更名为环球清真产业处（GHID），统筹推动文莱清真产业发展。2016年苏丹哈桑纳尔通过颁布皇家法令，建立了专门的清真产业研究与发展机构，希望以此助力文莱打造全球清真中心（Global Halal Hub）。

作为伊斯兰国家，文莱高度重视与其他伊斯兰国家的合作，近年来大力推动清真食品、穆斯林用品以及伊斯兰金融领域的发展。根据文莱公共卫生（食品）条例，所有食品，无论是进口的还是本地生产的，都必须确保安全可靠、具备优良品质，并严格符合清真食品的要求。对于肉类进口，文莱实施了极为严格的清真检验程序，以确保所有进入市场的肉类食品均符合伊斯兰教法规定，保障消费者的健康与宗教信仰需求。"文莱清真食品"品牌在伊斯兰世界获得较高的认可度。

（六）鼓励发展伊斯兰金融

伊斯兰金融是文莱金融服务业的重要领域之一，同时文莱期望成为国际伊斯兰金融中心之一。文莱的伊斯兰金融生态系统目前包括伊斯兰银行、伊斯兰保险运营商、伊斯兰投资交易商、伊斯兰债券和其他辅助服务。伊斯兰金融资产占市场总份额的50%以上。文莱有两个伊斯兰教金融管理机构。一是中央伊斯兰金融监督委员会（Syariah Financial Supervisory Board），文莱中央银行（BDCB）伊斯兰金融部是其秘书处。伊斯兰金融监督委员会成立于2006年，根据《伊斯兰金融监督委员会令》，其任务是依据伊斯兰教法制定伊斯兰金融法律，并据此进行裁决，并就与伊斯兰金融业务有关的任何伊斯兰教法问题提供处理方案。二是伊斯兰教法咨询机构（Syariah Advisory Body），负责就银行业务是否符合伊斯兰教法向机构提供建议，专门在机构层面辅助伊斯兰金融监督委员会进行监督。

1993 年 1 月 13 日，文莱苏丹哈桑纳尔批准成立文莱伊斯兰银行（Islamic Bank of Brunei）。从 1981 年的岛屿发展银行（Island Development Bank），到 1993 年成立的文莱伊斯兰银行，再到 2005 年文莱伊斯兰银行与文莱伊斯兰发展银行（Islamic Development Bank of Brunei）合并而成的文莱伊斯兰银行（Bank Islam Brunei Darussalam），体现了伊斯兰教义在金融领域的引领作用。文莱伊斯兰银行连续多年获标准普尔"A-"信用评级，展望"稳定"。这反映了标准普尔对文莱伊斯兰银行的财务实力、管理能力、经营业绩、风险管控水平的全方位认可。作为一家具有伊斯兰特色的银行，文莱伊斯兰银行将继续致力于提供伊斯兰金融产品和服务，促进文莱的经济增长，助力实现"文莱2035 宏愿"。

三　持续优化营商环境

文莱拥有较为发达的电信和航空网络，没有个人所得税、销售或出口税，而且政治局势稳定，为潜在投资者提供了良好的环境。文莱通过财政与经济部提供的各种投资激励措施以及文莱经济发展局（BEDB）开展的活动，鼓励外国人直接投资。此外，低犯罪率、良好的教育环境、完善的住房和体育设施以及低廉的公用事业成本使文莱吸引外国人长期居住。文莱的生活反映了马来伊斯兰君主国的民族哲学。尽管一再呼吁多元化，文莱经济仍然极度依赖石油和天然气及其下游产品销售收入，其占文莱总出口额的 80% 和该国 GDP 的 53.5%。此外，还有来自政府海外投资的大量收入作为补充。这些收入确保了文莱民众的舒适生活。文莱公民不需要缴税，且可享受免费大学教育、免费医疗和补贴住房。文莱没有国内外主权债务，也没有接受过经济援助。尽管文莱大部分食品和其他消费品依靠进口，但石油出口使其贸易额保持正值。文莱元与新加坡元以一比一的比例挂钩，新加坡元是苏丹国的法定货币。

文莱持续推进经济多元化发展，希望摆脱对石油和天然气出口的长期依赖，所以文莱拥有有利于对外贸易和外国直接投资的开放经济环境。文莱的投资机会由政府规划和消费者需求驱动。目前文莱人口总数基本维持在 45 万左右，市场规模相对较小，未来增长有限。因此文莱政府出台相关政策，外国投资者无须寻找当地合作伙伴即可进入当地市场，以此提升投资的便利性。然而，在部分情况下，外国公司也需要寻找当地合作伙伴才能获得政府石油和天然气项目的投资资格。

外资在文莱经济和技术发展中发挥着关键作用。文莱经济发展局成立于 2001 年，致力于使文莱成为投资目的地，以使其经济摆脱对石油和天然气出口的依赖。文莱经济发展局的任务是与国内外投资者合作，在文莱具有竞争优势的地方开发新的经济发展机会，重点关注四个关键领域：吸引投资、发展当地企业、增加研发和创新以及交付基础设施项目。文莱经济发展局已将多个行业确定为经济多元化的潜在投资领域，包括石油和天然气下游产业、制造业、食品业、旅游和信息通信技术行业。最具吸引力的领域包括石油和天然气上下游产业、商业航空、国防装备、医用器材、食品和饮料特许经营。在农业领域，农产品进口和加工、渔业和水产养殖可能提供利润丰厚的投资机会。

第四节　走向智慧文莱新时代

文莱在 21 世纪开始大力推动数字化发展进程，近几年政府加大了对数字化转型的投资和政策支持，全面推动文莱向数字化社会迈进。文莱政府主要聚焦数字化基础设施建设、数字经济发展和数字化服务的普及，数字化合作伙伴主要包括中国、马来西亚、韩国等。虽政府拨款充足，但发展过程中仍存在一些问题。

一　数字化发展历程

21世纪，文莱拉开了数字化转型的帷幕，文莱的数字化发展历程大致分为三个阶段。2000年以后，文莱开始意识到数字化转型对国家发展的重要性，政府开始关注数字化基础设施建设，投资兴建通信网络等基础设施，为数字化应用的发展奠定了基础。2010年以后，文莱开始大力发展数字经济，政府着力推动数字经济的发展与数字化政府的建设，通过制定政策支持数字经济产业的发展，鼓励和支持电子商务、数字支付、在线金融服务等领域的创新和发展；政府还鼓励企业增加对数字技术的应用，以提高企业的生产效率和市场竞争力。2020年以后，文莱全面推进数字化社会建设，政府和企业进一步加强了对数字化社会的建设，通过鼓励和支持社交媒体、在线社区、数字化娱乐等领域的创新和发展，丰富人们的数字化生活；同时，加快教育、医疗健康等领域的数字化转型，全面提升民众的生活质量和福祉。

建设智慧国家是实现"文莱2035宏愿"的关键之举。2020年6月，文莱启动《数字经济总体规划2025》。其中提到，到2025年建成智慧国家，主要体现在三个方面：适应未来的数字化社会、充满活力和可持续发展的经济、数字化生态系统。在整个数字经济生态系统中，政府、行业和社会密切关联，其中，数字身份、数字支付和人民服务中心三个旗舰项目是整个生态系统的支柱。中华人民共和国驻文莱大使馆经济商务处将该规划概括为以下几个方面。数字经济是文莱迈向智慧国家的关键推动因素。智慧国家由数字政府、数字经济和数字社会驱动，将通过利用数字技术、必备的知识和技能来提升社会的互联互通水平。智慧国家的特点是具有充满活力和多元化的经济；通过发展基础设施、创新、数据处理能力、人力资本和其他资源提高的竞争力和经济增长；提高的生活、公共服务、学校质量，安全性、人员流动性并实现环境可持续性发展。[①]

文莱《数字经济总体规划2025》作为文莱"智慧国家"目标的关键推动者，将致力于利用先进技术创造有影响力的成果，例如：提高生产力和产量；提高成本效益；提高透明度和治理；促进官方、商业和个人数字化交易。为推动规划的实施，政府设立了数字经济委员会，由财政与经济部主管部长、交通和信息通信部部长、初级资源与旅游部部长、教育部部长、财政与经济部副部长、能源部副部长、立法委员、文莱信息通信联合会主席等成员组成。五年规划项目管理办公室与文莱交通和信息通信部负责监控数字经济各项目的推进及成效。

该规划的主要目标有以下四个方面。一是推进行业数字化进程。目前人们对IR4.0技术的实施并不熟悉，导致对数字化进程缺乏了解，后续需重点评估工商各界参与者应用IR4.0技术的能力和准备情况，向所有参与者推广，尤其关注中小微企业数字化进程，同时通过试点项目推进IR4.0技术应用。二是协调政府政策资源，实施数字化身份认证生态系统、通过系统性开发服务创新公共体验、拓展云计算的使用范围。三是扩大数字产业体系，落实网络安全监管、认可并实现数据数字化、为数据保护和共享提供治理框架及政策。四是配套建立人力资源体系，研究所有行业对数字工作的需求，更新教育计划并培养本地人才，通过重新培训和部署人力资本来提高现有劳动力效率，构建数字化终身学习机制。

同样，达成规划目标还需要开展以下工作：一是构建一个强大的

[①] 《文莱数字经济发展规划概要》，中华人民共和国驻文莱达鲁萨兰国大使馆经济商务处网站，2021年7月7日，http://bn.mofcom.gov.cn/article/ztdy/202107/20210703173741.shtml，最后访问时间：2023年12月29日。

智慧国家平台，这对于支持政府机构、企业和公民之间的服务对接与交付至关重要；二是成立国家数据办公室，制定数字数据政策和治理框架，监督用于个人、商业和官方的数据收集与使用；三是建立政策监管框架，以符合创新和技术趋势的政策和法规指导数字经济发展；四是维护网络安全，数字化程度的加深使数据和网络安全等面临严峻考验。随着文莱网络安全机构的建立，网络安全保障将进一步机制化，数字技术的研发和创新对于推动可持续数字化转型计划至关重要。

按照《数字经济总体规划 2025》的愿景，2025 年将建成一个有活力且具备可持续性的经济发展体系，GDP 增长主要来源于数字行业以及数字化转型带动的其他经济部门的发展；建成一个数字化且适应未来发展趋势的社会，数字通信技术在主要行业广泛应用，使文莱人使用宽带和社会公共网络服务的比重增加、对数字化的认知大幅提高；构建起数字化的生态系统，使文莱跻身国际电信联盟四十强。

《数字经济总体规划 2025》将作为路线图，指导数字化转型计划的实施。该总体规划代表了在国家数字化发展议程方面向前迈出的重要一步，符合当前技术趋势、行业发展以及消费者的需求。政府与企业、高等教育机构、非政府组织以及消费者之间的持续合作将成为可能，有助于共同实现"文莱 2035 宏愿"的目标。

二　数字化项目进展

近年来，文莱政府注重通过与国外公司合作的方式发展信息科技和数字经济。2020 年，在文莱大学举行了华为 2020 年"未来种子计划"文莱开幕式，以培养文莱学生对信息通信技术的兴趣，为文莱提供一批可持续发展的信息通信技术人才，更好地推动经济社会发展。2023 年 6 月，文莱政府宣布向民众提供 5G 网络商用服务。目前文莱90% 以上有人口居住的地区已实现 5G 移动网络覆盖。5G 网络正式商用是文莱科技发展道路上的一个里程碑，将提升全国数字化水平，为国家和民众提供新的发展机遇。华为文莱公司和中国电信旗下中国通信服务文莱公司等中国科技企业积极参与文莱网络建设和服务，是文莱通信基础设施多轮升级改造的主力。

文莱的移动通信水平较高，在"文莱2035宏愿"倡议的基础设施建设推动下，固定宽带领域出现了强劲增长。截至2022年，文莱宽带用户总数约有9万户，普及率高达近90%，光纤网络覆盖率达到80%。宽带用户的平均下载速率稳定在40M/秒，未来将持续升级，朝百兆乃至千兆宽带入户的目标迈进。同时，3/4G无线网络已实现全国覆盖，用户数量达到53.3万户，用户渗透率高达120%。得益于国家丰富的频谱资源、运营商的精确规划和建设，以及设备供应商的可靠产品与服务，文莱的无线网络质量迅速提升。2023年，文莱无线网络下载速率在东盟国家中位居榜首，全球排名第10，平均下载速率达到102.1M/秒。2023年6月，文莱政府宣布5G网络正式商用，无线网络下载速率进一步提升至129M/秒。[①] 5G网络的大带宽、低时延和高密度连接特性，将有力推动工业互联网、物联网（IOT）、AR/VR、云计算及无人驾驶等前沿技术的发展，加速文莱数字化转型和智慧城市建设进程。未来，不断完善的信息通信技术（ICT）基础设施将为文莱数字经济的发展和社会进步贡献巨大力量。

目前，文莱国家信息中心（NIH）在智慧国家平台下确定了三个关键旗舰项目，旨在支持政府机构、企业和公民之间的无缝服务交付。这些项目均取得了实质性进展，实现了政府内部数据的安全共享和使用。该中心的基础设施建设项目于2021年6月启动，最初由10个政府机构作为数据提供者搭建起基础平台，2023年平台用户增加至

---

① 商务部对外投资和经济合作司、商务部国际贸易经济合作研究院、中国驻文莱大使馆经济商务处：《对外投资合作国别（地区）指南：文莱》（2023年版），中华人民共和国商务部网站，2024年4月，https://www.mofcom.gov.cn/dl/gbdqzn/upload/wenlai.pdf，第24页，最后访问时间：2024年11月15日。

16 个，包括政府机构与非政府机构。^①此外，数字身份项目旨在为文莱民众提供快速便捷的国家政府门户网站登录，使文莱民众享受在线服务。数字支付中心项目于 2023 年末实施。该项目旨在简化文莱的数字支付，实现安全、即时、低成本的交易。其他项目还包括统一智能电表系统。文莱政府预计于 2025 年第三季度完成东南亚海底电缆系统联合投资协议准备工作，金融科技监管沙盒项目于 2017 年启动，政府目前正在升级国库会计和金融信息系统。

文莱政府在 2023 年预算中为数字建设提供了大量拨款，其中政府数据中心和云基础设施建设项目 190 万美元，IT 中央采购项目与国家教育管理系统 200 万美元，BruHealth 维护升级项目 340 万美元。^②尽管拨款充足，但整体进展仍然不理想，数字化建设对文莱工业和经济的促进作用尚不明显。究其原因，一是数字身份、数字支付中心项目尚不完善，没有发挥出支柱性作用；二是私营部门和公私伙伴关系（PPP）项目仅集中在数字经济总体规划期的早期，从 2021 年开始的所有项目都由公共部门驱动，私营部门参与较少，数字技术在创新服务方面的利用率低；三是数据保护立法的缺失阻碍了个人数据的收集与使用，国家的个人身份数据库未能得到整合。

三 数字化合作伙伴齐努力

文莱的主要数字化合作伙伴为中国、新加坡、马来西亚，从早期合作项目到深化合作领域，文莱与以上国家在经济和社会数字化发展合作方面取得了一定的成果。文莱与中国的数字化合作始于 21 世纪

---

① "Digitalization in Brunei and Singapore," IMF Staff Country Reports 2023, 2023, https://www.elibrary.imf.org/view/journals/002/2023/347/article-A005-en.xml，p.66，最后访问时间：2024 年 11 月 15 日。

② "Digitalization in Brunei and Singapore," IMF Staff Country Reports 2023, 2023, https://www.elibrary.imf.org/view/journals/002/2023/347/article-A005-en.xml，p. 67，最后访问时间：2024 年 11 月 15 日。

初，两国在数字经济、数字化教育等领域有着广泛的合作。近年来中国企业在文莱建设电信基础设施、提供互联网服务、推动数字经济产业发展。双方也积极开展人文交流，促进数字化领域人才培养和技术交流。

当前中国与文莱的合作日益密切，取得了一定的成果。数字化产业方面，中国银行自2016年起在文莱设立分行，持续为文莱经济发展和项目建设提供优质金融服务。文莱金融企业积极引入中国电子支付技术，支付宝和银联数字钱包先后落地文莱，提升了当地支付手段便利化水平。在文中资企业开发的Wecare电商平台，为民众提供安全便捷的购物渠道。2023年12月29日，石荣科参赞拜会文莱国家数字支付网络有限公司（NDPX）总裁哈菲兹，双方就中文两国数字支付系统建设、电商合作前景交换意见。哈菲兹总裁欢迎石荣科参访NDPX，介绍公司沿革及业务领域，并表示期待与中国企业开展深入合作。

数字化教育方面，华为文莱公司于2021年3月与文莱理工大学合作成立华为ICT学院，为文莱培养创新型和应用型技术人才。数字基础设施建设方面，华为公司为文莱兴建3G、4G网络贡献力量并积极探讨5G合作。数字化医疗健康方面，北京医渡云公司协助文莱政府开发的疫情响应平台和健康文莱App，对文莱成功抗击疫情发挥了重要的作用。

文莱与新加坡的数字化领域合作主要由政府与企业带动，聚焦电子商务、科技创新等领域。早在2009年，文莱与新加坡就签署了谅解备忘录，以促进更广泛的双边媒体合作，特别是在数字媒体领域。它旨在促进两国政府和私营实体之间在互联网协议电视、有线电视和移动广播等数字媒体领域的政策和监管领域的交流以及业务合作。2022年5月30日，文莱交通和信息通信部与新加坡通信和信息部签署数字合作谅解备忘录，该备忘录确定了文莱和新加坡在数字领域的合作框架，内容涵盖数字连通、个人数据保护、数字政府、网络安全等主题。

数字化产业合作方面，2022年8月18日新加坡理光亚太公司（Brusin Trading Company Sdn Bhd）宣布成为文莱的战略合作伙伴，旨在将理光的办公设备和数字服务扩展到在文企业。2023年2月3日，文莱中央银行与新加坡金融管理局（MAS）在第四届双边圆桌会议上签署了谅解备忘录，讨论了新的合作，以深化银行业和保险业监管合作，双方就央行数字货币和跨境支付的发展等问题交换了意见。

此外，文莱与马来西亚在数字化基础设施建设、数字经济、科技创新等方面有合作项目。

第六章　和平之国的幸福国民

在文莱富饶的土地上，国民享受着国家繁荣带来的福利，过着安居乐业的生活。文莱政府高度重视国民福祉，将教育、医疗、社会保障等民生问题放在首位，在这种政策导向下，文莱国民幸福指数位居世界前列。政府推行免费教育政策，从幼儿园到大学，国民均可享受优质教育资源。此外，政府投入大量资金，建立了一套健全的医疗卫生体系，为国民提供完善的医疗保障。

第一节　网络时代的发达通信

文莱政府通过大力培养本国高科技人才、引进国外高科技人才、吸引高科技外国公司和跨国企业到文莱投资等方式，不断发展科学技术。在数字建设方面，文莱有三大运营商全力托举国家通信，政府亲自把关所有的新闻媒体，数字化发展的动力十足，智慧国家的建设也在顺利进行当中。

一　三大运营商助力电信

2019 年，文莱的电信基础设施重组为单一实体，即统一国家网络有限公司（UNN）。文莱主要有三个电信公司，即文莱电信（TelBru）、数据流技术（Datastream Technology）和进步移动（Progresif），均为政府关联公司。现在每家电信公司都提供公众通信服务，并可平等访问国家网络，UNN 已成为文莱达鲁萨兰资产管理公司（Darussalam Asset）的子公司，文莱国际门户（BIG）也隶属于 UNN。2022 年以后，政府开始采取措施建设固网基础设施，同时也在引入 5G 移动服务方面取得一定进展。UNN 首席执行官曾表示，尽管文莱对 5G 的需求不高，因为拥有兼容 5G 手机的国民非常少，但引进 5G 仍具有战略意义。为确保网络用户数据安全，UNN 正在建设网络空间防务中心，并实施专家培训计划。目前 UNN 有超过 5000 公里的光纤、22 个固定交换局和 6 个远程接入点，连接超过 22 万户家庭，超过 300 个无线接入点为全国 90 多个地区提供 Wi-Fi 服务，超过 600 个移动基站为民众提供 3G、4G 和 5G 服务，覆盖 94% 的人口密集区域和道路。[①] 2023 年 5 月 22 日，文莱信息通信技术产业管理局与 UNN 联合发布公告称，即日起本地三大电信运营商推出 5G 网络服务。民众可选择任意一家运营商购买 5G 套餐，享受 5G 高速网络服务。华为（文莱）技术有限公司和中国通信服务文莱公司等中国科技企业在文莱深耕多年，积极参与文莱 5G 网络建设和服务，是文莱通信基础设施多轮升级改造的主力，为文莱 5G 网络正式商用作出了重要贡献。

为了减少国内经济发展对石油和天然气的高度依赖，文莱有针对性地发展农业科技和金融科技。2012 年，文莱开始建设农业科技园，吸引外国农业、渔业和森林领域的生物科技公司进驻，并斥资数百万建设水产园区。文莱还积极探索金融科技，于 2017 年设立了专门的政府部门——金融管理局，并将发展金融科技纳入"文莱 2035 宏愿"，与韩国、新加坡等国开展了金融科技合作，如与韩国决定共同出资 3000 万美元在文莱设立金融科技创新中心。虽然目前文莱金融科技发展良好，但距将文莱建设成为伊斯兰金融科技中心还有很长一段路要走。2019 年，文莱首相府办公室宣布启动信息和通信技术领域

---

① "Networks in Numbers," UNN, https://unn.com.bn/technology，最后访问时间：2024 年 11 月 15 日。

的重大转型，以加速国家的数字化进程。所有现有的电信公司都将专注于零售业务，为客户提供有竞争力的固定和移动服务，并将平等使用 UNN 提供的网络基础设施。随着时间的推移，在最先进且安全性强的集成网络支持下，消费者可以期待以更实惠的价格获得更高质量的服务。短期内，网络服务的价格不会上涨。

二　政府全权把关新闻业

文莱的新闻业由苏丹家族全面严格控制，自 1962 年以来文莱政府在新闻报道的内容上都有较为严格的要求，除了警察活动、生活方式、社区活动，禁止报道其余内容。1950 年之前，文莱的新闻媒体仅有报业，英国殖民部每年都按时出版年度报告。真正意义上的第一份报纸《沙蓝邮报》（Salam Ceria）来自英国马来亚石油公司（文莱壳牌石油公司的前身），主要向社会公众提供有关石油勘探信息和其他公司的新闻，当前该报仍保持出版，且免费为大众提供信息。第二份报纸当属《婆罗洲公报》，1953 年首次发行，全面报道婆罗洲（即加里曼丹岛地区）的新闻，尤其是针对文莱的新闻，该报至今仍在发行，且逐步电子化。文莱国内印刷量最大的报纸是《文莱灯塔报》（Pelita Brunei），此外，《文莱人》（The Bruneian）、《文莱时报》（The Brunei Times）、《新闻快报》（News Express）等都在文莱竞争激烈的报纸市场中逐渐立足。

文莱媒体的一大特点是管理制度严格。私人媒体由王室监管，在报道政治和宗教内容时必须实行自我审查。广播媒体由政府管理的文莱广播电视台主导。无国界记者组织（RSF）表示，自我审查是国家广播公司和主要媒体工作记者的规则。文莱严格执行伊斯兰教法，遭到民众反对、批评或亵渎王室的言论将被视为违法行为。文莱媒体的运营必须遵从国家的法律法规，根据《煽动叛乱法》，发布任何有损苏丹陛下及任何王室成员权力、地位的内容将被判处三年监禁。记者若发表被视为有恶意的帖子或文章，将面临五年监禁。最后，2019 年通过的新刑法规定，凡以言论、出版物或其他形式亵渎王室或煽动叛教者，情节严重者可被判处死刑。

三　电商企业还需多蓄力

尽管文莱的互联网普及率在全球排名第 15 位，在东南亚排名最高（2021 年普及率为 95.0%），但其电子商务行业仍处于起步阶段。2019 年，政府成立了数字经济委员会，探索数字经济产业的潜力。2020 年，交通和信息通信部发布了《数字经济总体规划 2025》，概述了智慧国家发展的战略计划和重点项目。政府机构各司其职，采取了许多举措来促进电子商务的推广使用。其中包括经济规划与统计局执行消费者保护法，信息通信技术产业管理局负责调查消费者对电子商务活动的态度和反馈。国家电子政务部门提供安全的服务器，中央银行发布金融科技监管沙盒指南。文莱央行还发布了数字支付生态系统发展的数字支付路线图。

2000 年，文莱颁布了《电子交易法》。《电子交易法》第 196 章以《联合国国际贸易法委员会（UNCITRAL）电子商务示范法》和《新加坡电子交易法》为基础。《新加坡电子交易法》在很大程度上借鉴了美国的电子交易法，旨在鼓舞企业和消费者对电子商务的信心，并为买方和卖方提供法律保护。信息通信技术产业管理局的电子商务和市场创建部门负责根据文莱 2000 年颁布的《电子交易法》来促进电子商务发展。随着文莱继续升级其国家电信基础设施，文莱的信息通信技术部门希望借助国际先进经验和技术专长推动自身发展，而金融部门则寻求通过数字平台实现银行业的现代化。

信息通信技术产业管理局的电子商务调研数据显示，高达 76% 的文莱居民已习惯于在数字平台上进行购物、处理银行业务以及支付各类账单。在网购群体中，大约有 57% 的消费者偏好通过专业的购物网站来完成交易，另有 24% 的消费者则更倾向于在脸书（Facebook）和照片墙（Instagram）等社交媒体平台上进行购物。[①]在众多网购商品中，服装和旅游服务成为最受欢迎的类别。2020 年 4 月，文莱信息通信技术产业管理局推出了文莱首个在线电子商务与物流供应商名录，为企业和客户搭建了高效的合作桥梁。通过这一平台，众多电子商务平台、物流公司以及快递服务提供商携手合作，构建了一条完整的电子商务价值链，涵盖从商品进口到安全在线支付、网站产品展示以及本地快递配送的各个环节，极大地促进了文莱电子商务产业的协同发展。

第二节　惠及学子的免费教育

受殖民统治影响，文莱现代教育事业起步较晚。但文莱苏丹对国民教育非常重视，文莱民众在教育方面享受的福利待遇也非常多，文莱的免费教育政策成为东南亚地区典范。

一　起步较晚的教育事业

1912 年，当时的文莱首都文莱市（现斯里巴加湾市）成立了全国第一所马来语学校。此后 30 年间，文莱也相继成立了华文学校和英文学校。其间，随着英殖民统治者对于文莱石油的勘探，石油业成为文莱经济的支柱产业，为满足石油产业发展需求，英殖民当局向部分文莱私立学校注资并掌握学校管理权，出资兴办西式学校，旨在培养一批受过西方教育的石油技术工人。1950 年，为培养机械修理工和电工，文莱壳牌石油公司在诗里亚开办了一所石油技术学校。但随着 1941 年日本占领文莱，文莱的教育事业发展受到影响。

---

① 《文莱国家商业指南》，国际贸易管理局网站，https://www.trade.gov/country-commercial-guides/brunei-ecommerc，最后访问时间：2024 年 11 月 15 日。

二战结束后，随着旧有学校修复和新学校成立，文莱教育事业开始进一步发展。1951 年，文莱成立了苏丹奥玛尔·阿里·赛福鼎学院；1954 年，文莱教育部制定了教育发展计划（1954—1959 年）；1956 年，文莱开办了师范专科学院（哈桑纳尔·博尔基亚师范学院）；1970 年，文莱成立了国家教育委员会；1972 年，政府确认了该委员会提交的文莱教育方针及政策。文莱教育部发布的《2023—2027 年战略计划》概述了文莱教育事业的目标、价值观，旨在通过提供全面的高质量教育来促进国家的进步和发展。其愿景是"优质教育，进步国家"，强调教育对国家发展的重要性。该计划的战略目标是：培育面向未来的学习者，加强创新教育生态系统和人力资源队伍建设。①

二　符合国情的教育体系

文莱虽然教育事业起步较晚，但探索建立了适应本国发展需求的教育管理体系和教育模式，从普及双语制（马来语和英语）、把"马来伊斯兰君主制"概念列入学校课程、强化技术与职业教育以面对未来挑战三个方面落实教育方针。文莱教育部主管国家教育事业，其下属部门主要分为三类：核心教育部门、高等教育部门、战略企业绩效和交付部门。其中核心教育部门主要包括教育办公室主任、规划发展和研究部、行政及服务部、教育工作管理处等。高等教育部门主要包括信息与通信技术办公室、高等教育管理办公室、文莱技术教育学院、奖学金管理办公室等。战略企业绩效和交付部门负责教育部项目的开展，要确保每个项目的实施都经过全面、标准化的流程，采用相应管理办法，对每个部门进行整合和协调。以上部门共同构成了文莱

---

① "Strategic Plan 2023-2027," Ministry of Education Brunei, 2023, https://www.moe.gov.bn/DocumentDownloads/MOE%20Strategic%20Plan%202023-2027.pdf，最后访问时间：2024 年 11 月 15 日。

教育事业的坚实框架。①

文莱教育部提出"素质教育，活力国家"，致力于在马来伊斯兰君主制的价值观指导下，通过提供公平的素质教育，培养具备 21 世纪知识和技能的面向未来的公民。为此，文莱教育部制定了《2018—2022 年战略计划》，旨在培养受过教育的、高技能的、有成就的人，以此支持"文莱 2035 宏愿"。② 文莱实行整体教育（Holistic Education，或翻译为"全人教育"），《2018—2022 年战略计划》中关于整体教育的主要措施包括：提高学前教育质量，强化基础教育（小学教育和中学教育），提升高等教育质量并提供更多受教育机会，在各个教育阶段更好地支持条件困难的学生，增加终身学习的机会。

三　提高全民素质的教育战略

文莱政府实施免费教育战略，并资助留学费用，但英文和华文私立学校除外。政府向公民 5 岁以上的子女提供直至大学的免费教育，没有公民权的文莱常住居民子女在公立学校就读也只需象征性付费。对成绩优良、能考取国外大学的学生，政府通过设立专门的留学基金提供留学费用，每年为部分学生提供政府奖学金，供其前往英国、澳大利亚和新西兰等国深造。

教育部政策要求提供 12 年的义务教育，包括 7 年基础教育（含 1 年学前教育）和 5 年中学教育，每个孩子都必须接受义务教育。孩子们从 5 岁开始接受学前教育，从 6 岁起接受 6 年的小学教育，参加小学评估（PSR）后升入中学。中学阶段涵盖两年的共同教育，8 年

---

① "Departments," Ministry of Education Brunei, https://www.moe.gov.bn/SitePages/Departments.aspx，最后访问时间：2024 年 11 月 15 日。

② Strategic Enterprise Performance and Delivery Unit（SEPaDU），*Strategic Plan 2018-2022*, Ministry of Education Brunei Darrussalam, October 2014, https://www.moe.gov.bn/DocumentDownloads/Strategic%20Plan%20Book%202018-2022/Strategic%20plan%202018-2022.pdf，最后访问时间：2023 年 11 月 27 日。

级结束后学生参加进度考试（SPE），根据评估结果，可以参加普通中学教育（General Secondary Education Programme）或中等职业教育（Applied Secondary Education Programme）。高等教育阶段，学生可以在文莱技术教育学院（Institute of Brunei Technical Education，IBTE）学习技术，符合条件的学生则可以在两年大学预科之后，进入文莱本国大学或去海外高校留学。

文莱的教育体系由政府学校和非政府学校共同构成。政府学校体系涵盖了从幼儿园到高等教育的各个阶段，除了专门的宗教学校、阿拉伯文学校、农业培训中心以及艺术与手工艺培训中心等，其余均由教育部统一管理，包括小学、中学、高等学校、成人教育和职业技术学校。非政府学校则由民间组织运营，由教育部监管。截至2022年，文莱10岁及以上的居民识字率高达96.5%，展现出国家在教育领域的显著成就。具体来看，男性识字率为97%，女性识字率也达到了96%。截至2022年，文莱共有各级学校255所，在校学生人数达到10.4万，教师队伍则有1.1万人。全国范围内分布着18个公共图书馆，覆盖了四个区域，为民众提供了丰富的文化资源。[①] 为了进一步促进文化发展，文莱的文化、青年和体育部正在积极推进国家图书馆的建设，预计将于2024年完工。

第三节　造福全民的医疗保障

文莱政府重视民众的生活环境和医疗条件。政府为公民提供免费的公共医疗服务，包括基本的医疗检查、药物、急救服务等，这些服

---

① 商务部对外投资和经济合作司、商务部国际贸易经济合作研究院、中国驻文莱大使馆经济商务处：《对外投资合作国别（地区）指南：文莱》（2023年版），中华人民共和国商务部网站，2024年4月，https://www.mofcom.gov.cn/dl/gbdqzn/upload/wenlai.pdf，第10页，最后访问时间：2024年11月15日。

务覆盖了全国各地，使公民可以轻松地获得基本医疗保障。永久居民和政府部门外籍雇员及其家属也能享受医疗优惠，只需象征性缴纳费用。文莱的医疗机构通常拥有先进的医疗设备和技术，能够提供高水平的医疗服务。

文莱卫生医疗分为三个级别，卫生诊所为初级医疗单位，卫生中心为二级医疗单位，医院为三级医疗单位。此外，还有流动医疗队和"飞行医院"为边远地区居民服务。截至2022年，文莱共设有7家医院（其中包括4家公立医院和3家私立医院）、9个医疗站点、15个卫生服务站和17家诊所，共计可提供1908张医疗床位。全国拥有1080名执业医师、2463名专业护士、94名药剂师以及424名助产士，为国民的健康保驾护航。[1]文莱拥有许多经过专业培训和资质认证的医疗专业人才，他们在医疗领域具有丰富的经验和专业的知识，能够为患者提供高质量的医疗护理。当前文莱医疗机构面临的主要问题是医生、护士短缺，有些需要特别医治的病人还需送到周边国家及医疗技术发达国家治疗。

文莱实行全民医疗保险制度（Brunei Healthcare Scheme），所有公民和永久居民都享有医疗保险。这意味着大部分医疗费用由政府医疗保险承担，减轻了民众看病的经济负担。据文莱卫生部统计，2021/2022财年，政府医疗支出为3.87亿文莱元，占全年国家预算的9.1%，占GDP的2.1%，人均医疗健康支出868.6文莱元。[2]得益于完善的医疗体系和免费医疗，文莱已消除百日咳、破伤风、小儿麻痹、

---

① 商务部对外投资和经济合作司、商务部国际贸易经济合作研究院、中国驻文莱大使馆经济商务处：《对外投资合作国别（地区）指南：文莱》（2023年版），中华人民共和国商务部网站，2024年4月，https://www.mofcom.gov.cn/dl/gbdqzn/upload/wenlai.pdf，第11页，最后访问时间：2024年11月15日。

② 商务部对外投资和经济合作司、商务部国际贸易经济合作研究院、中国驻文莱大使馆经济商务处：《对外投资合作国别（地区）指南：文莱》（2023年版），中华人民共和国商务部网站，2024年4月，https://www.mofcom.gov.cn/dl/gbdqzn/upload/wenlai.pdf，第11页，最后访问时间：2024年11月15日。

脑炎等传染病。文莱自 1969 年以来未发现疟疾，1987 年被世界卫生组织列入无疟疾区，2000 年被列入无脊髓灰质炎区，2015 年被列入无麻疹区。

在如此全面的保障下，文莱在抗击新冠疫情期间医疗卫生系统的表现优异，在文莱苏丹的带领下，政府最大程度上守护了民众的生命安全。文莱于 2020 年 3 月份首次出现新冠病毒感染确诊病例，随后疫情开始蔓延。同年 4 月文莱疫情基本得到控制。由于政府抗疫得力，文莱在 2020 年 5 月 30 日实现连续 23 天无新增新冠肺炎病例。2020 年 8 月 17 日，文莱唯一一例确诊病例患者得到治愈，全国新冠病例清零。为防止病毒再次蔓延，卫生部采取了更为严格的预防和监管措施，全力防止新变异病毒输入。3 月 12 日，文莱卫生部宣布使用来自辉瑞、莫德纳、阿斯利康、强生和中国国药的新冠疫苗。4 月 1 日，文莱苏丹接种了第一剂新冠疫苗，卫生部宣布文莱将于 4 月 3 日在全国分阶段进行新冠疫苗接种。在第一阶段的接种中，一线人员将优先接种新冠疫苗，其次是 60 岁以上的长者及前往海外留学的学生。[1]

文莱在第一波疫情袭来时通过医疗救治、积极推广疫苗接种、防止人群聚集、关闭边境口岸等方式抗疫，效果较好。第二波疫情来袭时文莱采取的抗疫措施包括推迟所有社交集会；关闭宗教场所和室内外休闲娱乐及运动场所；餐厅不得提供堂食，仅可打包；学校等教育机构启动在线课程。文莱政府要求全民出行时必须佩戴口罩，并使用追踪健康状况的手机软件，以便医疗机构掌握相关数据，降低疫情风险。随着确诊病例的增加，文莱政府加强了疫情管控。除保障水电通信等基础设施运行、油气等核心产业稳定及生活必需品供应的人员以外，所有政府工作人员和私营企业员工均居家办公，提倡居民非必要不外出。

---

[1] 《苏丹注射第一剂新冠疫苗》，〔马来西亚〕《诗华日报》2021 年 4 月 2 日。

　　2022 年，新冠疫情依旧肆虐，严重损害了各国民众的福祉，影响了民众的正常生活。2023 年 3 月，文莱还出现了疫情反复。文莱政府向来重视民生福祉，新冠疫情暴发以后，政府带领民众有效应对冲击，最初采取三项措施应对疫情：通过银行渠道向老年群体支付养老金、其他养老津贴及每个月的福利补助，关闭体育馆、博物馆、展览馆、青年中心等公共场馆，招募处理新冠疫情相关事务的志愿者并成立青年志愿服务临时委员会。随着疫苗接种率不断提升，文莱政府更新防疫措施，以维护国民的福祉，包括稳就业和划拨资金以帮助企业正常运营，防疫政策范围不断拓宽。

第七章　浓郁的马来风情

文莱是一个以伊斯兰教为主要信仰的国家，当地人遵循着伊斯兰教的教义与习俗，宗教的影响也深深渗透到百姓的日常生活和传统文化当中，伊斯兰教作为国教，对整个国家有着极其神圣的约束力。文莱有复杂的社交礼仪，独特的饮食习俗、传统服饰，还有马来武术等特色活动，具有丰富的文化底蕴和民族风情。

第一节　多民族的交融与共生

文莱具备海陆相交的地缘优势，相对内陆国家而言，交通更便利，因此在历史上陆续有东南亚与其他地区不同民族的人抵达过这一国度。这些人因文莱独特的气质、富裕安定的生活氛围而选择在此定居，从而使文莱人口的民族成分更多样，约有 20 个民族。

一　七大土著与三个民族

文莱的七大土著民族为马来族、克达岩族、姆鲁族、都东族、马来奕族、比沙雅族、杜顺族，三个主要民族为伊班族、达雅族、格拉比族。七大土著与三个民族各具特色，在文莱发展历史中发挥着不同的作用，不仅使文莱的文化传统与文莱人的精神世代相传，也使文莱具有了多样的民族特色与别样的异域风情。

马来人是蒙古人种东南亚的分支。作为文莱的第一大民族，马来族人口占据了文莱人口的 2/3。文莱王室许多成员是马来人，且大多数的文莱马来人居住在沿海一带，能够享受更多的社会政治经济资源。除此之外，马来人的舞蹈很有特色。其舞蹈充满热带与海洋的气息，其服饰也多为橙色、绿色、红色等高饱和度的颜色。

克达岩人主要居住在沙巴和沙捞越。他们到达爪哇岛时，发现当地的农业技术领先，于是将爪哇农民带回自己的国家传播爪哇农业技术，又与马来人通婚。克达岩人皈依伊斯兰教，接受马来文化，并且以种植药用植物而闻名。姆鲁人生活在丘陵地区，因此也被称为"伦巴旺"，意思是"土地上的人"。他们独特的传统服装通常是文莱文化表演的一部分，也是这个民族在特殊场合经常使用的服装。

都东人主要分布在都东区，都东族是文莱的土著民族，传统上讲都东语。相传都东人的祖先是一位名字叫都东的穆律人的后裔，他曾经帮助都东河畔村庄中的人对抗卡延人，当地人就以他的名字命名这条河流，以纪念他的英雄事迹，被他帮助过的当地人也成为他的追随者。都东语被认定为濒临失传的语言，文莱大学为了拯救这门珍贵的语言，引入了都东语为语言科目进行教学，还有权威出版社出版了都东语－马来语词典。

马来奕人居住在马来奕区，有自己的语言。古时候马来奕语是文莱和马来西亚的贸易语言，后马来奕语逐渐被马来语取代。

比沙雅人生活在河岸边，这个群体的文化具有多元性。老一辈比沙雅人信奉万物有灵论，他们认为当人去世后，要举行仪式，将缝纫机、挂钟和其他机器制品，如盘子、杯子、衬衫等都放入墓穴中，以供逝去的灵魂使用；后辈则皈依伊斯兰教。比沙雅人希望当代的学习材料被翻译成他们的语言，这样他们才能更好地理解真理，也希望其他地区的信徒能够到他们生活的地方和他们实际接触，增进了解。

杜顺人是沙巴的原住民，在文莱苏丹统治沙巴的时期，卡达山的杜顺人被平原低地富饶的山谷吸引，于是迁徙到山谷中，慢慢成为种植稻谷的农民。杜顺人信奉万物有灵论，认为人与超自然的灵魂是共生的。不幸的是，在19世纪中期西方的基督教传入后，杜顺人的信仰发生了改变，转信基督教，杜顺人的传统文化逐渐消亡，传统的舞蹈、音乐等都几近消失，幸运的是，杜顺人的民间故事流传了下来。

达雅人，意为"山里人"，相比于居住于沿海而极具海洋特色的马来人，生于山涧的达雅人信奉万物有灵论，因此他们的身上更多了一丝野性与洒脱。达雅人的舞蹈在他们崇尚自然、敬畏生命的观念影响下，更多的是与模仿动物或祭祀相关，目的是祈愿丰收或庆祝丰收，节奏更欢快，动作更洒脱。

二　华人是第二大族群

文莱的华人有4.2万，占文莱总人口数的9.5%，是文莱的第二大族群。[①]文莱的国语是马来语，同时也使用英语，在文莱的华人则讲汉语普通话、闽南话、广东话。

早在17世纪文莱就已经存在华人社区，在1929年发现石油之后，大量华人涌入文莱定居。华裔移民数量持续增加，他们带着梦想和勇气，在这片土地上寻求新的生活。然而，这种增长势头在二战结束后逐渐放缓。20世纪90年代，华裔移民的数量趋于稳定。1984年文莱独立后，华人社区面临新的挑战，尽管他们为这片土地付出了辛勤的汗水，但仅有约9000名华人获得了文莱的正式公民身份。这一年，苏丹对获得公民身份的规定进行了收紧，要求申请人在文莱连续居住长达25年，并需要满足一系列的语言和文化资格。这一政策的实施，使许多华人难以获得公民身份，进而导致他们在获得土地所有权和从

---

① 商务部对外投资和经济合作司、商务部国际贸易经济合作研究院、中国驻文莱大使馆经济商务处：《对外投资合作国别（地区）指南：文莱》（2023年版），中华人民共和国商务部网站，2024年4月，https://www.mofcom.gov.cn/dl/gbdqzn/upload/wenlai.pdf，第8页，最后访问时间：2024年11月15日。

事某些职业方面受到限制。面对这些困难，一些华人选择了离开文莱，去寻找新的生活机会。然而，那些选择留下的华人，则更加坚定地扎根于这片土地，继续为文莱的繁荣和发展贡献着自己的力量。

文莱奉伊斯兰教为国教，属逊尼派，伊斯兰教徒占总人口数的67%，佛教徒占 10%，基督教徒占 9%。[①]大多数在文莱的华人信奉中国传统宗教，少数人不信教。大约 15% 的华人是基督徒，但其中许多人只是名义上的信徒，只有少部分人坚定地信仰基督教。文莱华人的宗教习俗融合了佛教、道教、民间宗教等元素，还包括各种中国地方民俗和传统文化。1918 年，福建金门人出资在文莱建造了腾云殿，后来建筑毁于战争。1960 年，文莱苏丹赐土地将其重建。在重建腾云殿期间，文莱华人领袖天猛公林德甫等人于 1961 年共同成立了第一届文莱腾云殿董事会，在董事会的运营下，腾云殿成为文莱香火最旺的华人寺庙。腾云殿内供奉着广泽尊王、玄天上帝等神明，并保留着完整的参拜流程，每逢中国重大传统节日，腾云殿都重金聘请歌仔戏团和道士来共同举办传统活动，进行酬神演出。

三　多民族语言的分布

马来语是文莱的官方语言，占据主导地位，英语是通用语，其他民族语言也在特定群体中传承和发展。马来语属于南岛语系，与印尼语等语言有密切的关系，在文莱的政界和教育、传媒等领域具有广泛的应用。文莱政府重视民族语言的传承与发展，实行马来语优先的语言政策。

都东语是都东人的母语，属于南岛语系。都东语在文莱有一定的

---

① 商务部对外投资和经济合作司、商务部国际贸易经济合作研究院、中国驻文莱大使馆经济商务处：《对外投资合作国别（地区）指南：文莱》（2023 年版），中华人民共和国商务部网站，2024 年 4 月，https://www.mofcom.gov.cn/dl/gbdqzn/upload/wenlai.pdf，第8 页，最后访问时间：2024 年 11 月 15 日。

使用群体，但受到马来语的强烈影响。克达岩语也是南岛语系的一种语言，使用者主要分布在文莱的克达岩地区，但克达岩语的使用者逐渐减少，年轻一代更多地使用马来语。马来奕语的使用者较少，同样受到马来语的冲击，使用者主要分布在文莱的马来奕地区。比沙雅语属于南岛语系，主要在比沙雅人聚居区使用。随着马来语的普及，比沙雅语的使用者逐渐减少。姆鲁语是姆鲁人的母语，属于南岛语系，使用者极少，主要分布在边境地区。杜顺语也是南岛语系的一种语言，主要在杜顺人聚居区使用。其他民族如伊班族、达雅族、格拉比族等的语言在文莱的使用者更少。在文莱，英语具有较高的地位，被视为第二官方语言，广泛应用于商业、科技和教育领域。

由于马来语应用广泛，文莱的教育体系以马来语为主要教学语言，同时开设英语、阿拉伯语等课程，其他民族的语言在教育领域的应用相对有限。为保护和传承各民族语言，文莱政府在一些学校开设了民族语言课程，如都东语课程、克达岩语课程等。近年来，文莱政府意识到保护民族语言的重要性，积极开展民族语言和文化传承项目。例如，通过记录和出版民族语言的词典、语法书，以及推广本地文化节庆等方式来支持民族语言复兴。同时，政府还加强了马来语和阿拉伯语的教学，以确保官方语言和宗教语言的使用。

第二节　国教的神圣与约束力

在文莱开放包容的社会氛围下，不只是民族具有多样性，民众的宗教信仰也多种多样。文莱民众有多种宗教信仰，包括大家所熟知的印度教（印度移民）、佛教（华人移民）、基督教（欧洲移民和部分达雅克人）、中国民间宗教（华人移民）、拜物教（文莱土著居民）、神道教以及万物有灵的原始宗教，但在众多宗教流派当中，最受文莱信众与文莱政府青睐的就是伊斯兰教。作为文莱国教，伊斯兰教不仅影响着文莱人的精神生活，也成为文莱人生活的准则，渗透到文莱社会、政治、经济、文化等方方面面，影响着文莱整个社会的运行。

伊斯兰教在文莱兴起的历史要追溯到15世纪。15世纪初，伊斯兰教由马六甲苏丹国传入文莱，当时的受众群体很小，主要是文莱部分商人和贵族信奉；到15世纪中叶，文莱国王开始信奉伊斯兰教，并改称苏丹，甚至建立起独立且政教合一的文莱苏丹国，此后伊斯兰教在国威的加持下，开始在全国上下广泛传播。文莱不仅设立了伊斯兰法官一职，也开始在各地兴建清真寺、开办宗教学校等，以此来传播伊斯兰文化。[①]

伊斯兰教的威严与神圣主要得益于自1984年文莱独立起文莱政府的大力支持。文莱政府在国家独立之后一直坚持贯彻伊斯兰化政策，来提高伊斯兰教的地位。在政治上，推行马来伊斯兰君主制，并将其视为检验民众是否忠诚、爱国的准则，作为国家管理的一种"政治工具"；在教育方面，文莱高校及所有中学开设伊斯兰教课程，并要求全体学生参与；在商业、建筑业、金融业等行业，鼓励文莱穆斯林积极参与；在日常生活中，执行严格的社会管理措施，例如对酒精的管控，禁止销售和饮用酒精，并且措施严格。

在文莱对伊斯兰教的推崇和对教义的严格遵行之下，伊斯兰教精神渗透到文莱的每一个角落里，潜移默化地深入每一个文莱人心中。而在所有文莱穆斯林心中，都有属于自己的麦加，他们自愿接受伊斯兰教教规的引导，领会它的神圣与威严。

第三节　独特的马来伊斯兰文化

宁静而又富裕的文莱，伊斯兰风情浓郁，伊斯兰教徒占人口的

---

① 邵建平、杨祥章编著《文莱概论》，世界图书出版公司，2012，第27页。

67%，佛教徒占 10%，基督教徒占 9%，其他信仰还有道教等。在进行现代化建设的同时，文莱坚持伊斯兰教的原则，伊斯兰习俗贯穿着文莱的社会、政治、经济、文化，也形成了文莱的礼节和传统风俗，以及具有浓厚宗教色彩和马来民族传统的社会文化。

一　繁复的社交礼仪

文莱的社会文化深受伊斯兰教义和马来传统的熏陶，强调和谐相处、尊重弱者，并严格遵守繁复的礼节。在文莱，握手后轻触胸前的动作体现了真诚与尊重；遇到尊长或有身份的人时，应垂手侧身轻步走过，避免主动与异性马来人握手，触摸他人的头部或后背在当地被视为不吉利。访问清真寺或马来家庭时，需脱鞋以示敬意，并避免打扰祷告者，非穆斯林不得踩踏祷告地毯。正式场合中，应避免翘腿或交叉双脚，不询问个人隐私，且使用右手传递物品以示清洁。指认时不用食指，而是以握拳方式示意。

在服饰上，文莱人偏好宽松的纱笼，男士戴无边小圆帽，女士则包头巾。外国游客也应尊重当地习俗，特别是在清真寺的着装规范。年轻人问候长者时，会双手合十鞠躬，表达敬意。在伊斯兰教的影响下，部分马来人不与异性握手，且认为左手不洁，因此在必要时应使用右手。文莱人以善良、谦逊著称，对客人的到来总是热情接待。马来人的传统中，佬叶是招待宾客的美食，体现了主人的好客之道。离别时的感谢与邀请，展现了文莱人淳朴的民风。

二　独特的尊称体系

文莱没有固定的姓氏，人的姓名由本名和父亲的名字组成，中间用 bin（意为"之子"）和 binti（意为"之女"）相连接。对于王室而言，苏丹和苏丹后称陛下（当面时称 Your Majesty，间接称呼为 His Majesty 或 Her Majesty），苏丹妃、亲王、亲王妃、王子、王子妃、公主等王室直系亲属称殿下（当面时称 Your Royal Highness，间接称呼为 His Royal Highness 或 Her Royal Highness）。其他王室亲属的名字前需要特别添加本基兰（Pengiran）以表示尊重。对于普通民众而言，一般情况下，男性的名字前添加阿旺（Awang）则表示尊重，若为朝圣过的男子，就在名字前加阿旺·哈吉（Awang Haji）表示尊重；女性的名字前则添加达扬（Dayang）以示尊重，朝圣过的女子称达扬·哈贾（Dayang Hajjah）。

达官显贵和有功之士将受到文莱苏丹赐封号天猛公、甲必丹，佩欣或达图。文莱苏丹赐予封号的人在文莱社会地位极高，民众对其也充满敬意。每一年文莱政府都为苏丹举行生日典礼，授勋仪式亦为生日庆典活动中的一个环节。2023 年，文莱苏丹 76 岁华诞庆祝授勋仪式上，共有 110 名为国家忠诚服务和奉献的政府官员和私营企业个人获得荣誉勋章，其中 14 人获三级皇冠勋章，来自公共部门和私人企业的 93 人包括 1 名体育运动员获四级荣誉勋章，3 名政府官员获得五级伊斯兰杰出勋章。[①] 2022 年，新加坡总理到访文莱出席苏丹 76 岁华诞庆典国宴时，获得了文莱苏丹册封王室最高勋衔 D.K.（Darjah Kerabat Laila Utama Yang Amat Dihormati），李显龙的夫人获文莱苏丹册封 P.S.L.J.（Darjah Paduka Seri Laila Jasa Yang Amat Bahagia Darjah Pertama）第一级勋衔。

有不少华人也曾获此殊荣。2018 年，文莱马来奕中华商会秘书长孔繁慈被文莱苏丹授予荣誉勋章。孔繁慈是出生在文莱的第三代华人，他创办的食品贸易公司已有 35 年的历史，他的公司是斯里巴加湾最早建设厂房的企业之一，专门对接当地的大型超市、酒店、航空公司等，为其提供货物。孔繁慈联合来自福建和广东等地区的文莱华

---

① 《文莱一周资讯（7 月 24 日—7 月 31 日）》，中华人民共和国驻文莱达鲁萨兰国大使馆网站，2023 年 7 月，https://bn.china-embassy.gov.cn/chn/zts/wlyzzx/202307/t20230731_11120205.htm，最后访问日期：2024 年 11 月 15 日。

人共同创办了华语学校，开设了中国普通话与方言学习班，成为传播中华文化、传承中国语言的使者，为当地社会作出了卓越贡献。文莱苏丹亲自为孔繁慈先生佩戴了荣誉勋章。

三　传统的婚嫁风俗

伊斯兰和马来文化影响下，文莱仍保留着一夫多妻的婚姻制度，注重"父母之命，媒妁之言"。文莱的法律规定，对于信仰伊斯兰教的马来族人，一名男子可以娶4位妻子，丈夫在婚前或婚后要赠予妻子一定的聘礼，并赡养妻子和子女；妻子有义务听从和服侍丈夫，有权支配夫妻共有财产和私产。此外，男子在迎娶新妻子前，要征得已婚妻子的同意。马来人的文化与暹罗人、爪哇人和苏门答腊人的文化相似，在历史上受印度文化影响比较深，因此婚礼习俗非常独特。

按照文莱马来人的风俗，男女婚嫁时，男方需要为女方准备聘金，但是婚礼的整个仪式要在男方家举行，相关费用也由女方家承担。文莱的婚礼多数是在夜晚举行，婚礼结束后，男方就成为女方家的一员。这个习俗类似于中国习俗中的"入赘"。文莱马来族人的婚礼一般都是连续举行7天，结婚的证婚人通常由伊斯兰的阿訇担任，结婚证上除阿訇的签名之外，还要有双方家长的签名才能生效。文莱马来人大多数都倡导早婚，一般男女在十五六岁的时候就可以开始择偶，谈婚论嫁。但是文莱马来人男女之间结合需要经过"媒妁之言""父母之命"的阶段。就算他们找到了理想的对象，还是须由双方父母仔细观察与调查，彼此都认为满意之后，才可以说亲。不过，男女之间必须情投意合，很少有逼婚的现象。如果是经过中间人介绍的，父母也会征求男女双方本人同意。

马来社会文化中的习俗种类非常丰富，代代相传的婚礼习俗是文莱人非常重视的习俗之一，具体有以下几个环节：宣布结婚意向

（Merisik）、订婚（Bertunang）、仪式（Nikah）、接待（Bersanding）和接待三天后回到新郎家（Balik tiga hari）。每一个环节都有不同的文化意义。在求婚之前，男方要准备戒指，男方家人要去女方家，亲自向对方的家人说明他们的子侄想娶这个女孩。随新郎同去的家人在家族中需要有威望，他们承担着传递信息和推进事项的任务。男方上门时，要带槟榔、槟榔叶、石灰、甘槟酒、丁香，这些物品象征着尊重和热情。其中槟榔的寓意最为丰富。槟榔叶在晨露干之前被采摘，象征着新鲜和快乐，露珠是和平的象征，也是情侣的爱情药水；与此同时，收集树叶的工作是在黎明祈祷之后完成的，因此树叶蕴含着真主的祝福。槟榔果在马来文化中也被赋予了重要的意义，它被用作传统药物，如果要吃槟榔叶，就必须有槟榔果，这两者是不能分开的，所以在求婚仪式中，二者象征着一对夫妻彼此需要。圆形的戒指象征着婚姻没有终点以及爱情永恒。

订婚仪式通常在婚礼前数月到一年举行，这时候男方家会给女方家准备丰厚的礼物，女方也会给自己的女儿准备好陪嫁物品。接下来便是落日后的祈祷之夜和涂粉仪式。未来的新娘和新郎都要身着用金线编织的布（Songket），并佩戴美丽的佩饰，如手镯（Gelang Geroncong）、编织的布（Jong Sarat）、腰带（Panding）、新郎的头饰（Koipah Berpisin）、新娘的头饰（Bunga Goyang）、新娘的项链（Kanching）和匕首（Keris）。双方家庭需要共同准备好仪式所需的黄色、白色、蓝色、粉色、橙色、绿色和紫色粉末。这些颜色代表了人类世界和所有的生物，以及未来生活中必须面对的许多挑战，七种颜色混合在一起，象征着夫妻二人在生活中团结一致。

在涂粉仪式上，进行仪式的人用无名指混合七种颜色的粉末，所有的来宾都要在新娘新郎手上涂上彩色的粉末，寓意一对新人幸福美满、多子多福。鉴于伊斯兰教不允许没有血缘关系的异性有皮肤接触，为新娘新郎撒粉的人在接触新娘或新郎前需要获得允许，这充分体现了伊斯兰教的礼仪。撒粉仪式结束后，来宾们可以向新娘新郎撒花，这个仪式象征家庭的和谐美满。

　　传统的婚礼仪式一般在新郎家中举行，随着时代的变迁，现代的婚礼也在酒店或清真寺，或是新娘家举行。婚礼当天，新娘会身着象征纯洁、美丽、善良的白色婚纱，新郎穿白色礼服。在传统风俗中，新娘要戴头巾，用面纱遮住脸，寓意保护新娘的脸不受邪恶生物和那些因嫉妒而不同意她结婚的人的伤害。在婚礼期间，新娘和新郎的游行队伍通常有乐队相随，游行结束后，有威望的长辈会带领新娘坐上婚礼台，新郎必须在新娘的房子外面环绕七圈才能坐上礼台。绕圈寓意无论新郎走多远，他都会回到妻子身边。在新郎进入新娘的房间之前，女方家的人会朝他扔花，朝他的脚上泼水，伴郎会用一把扇子遮住新郎的脸，防止新郎受伤。一方面，扔出去的花象征着丈夫面临的挑战，而扇子则代表耐心和勇气，表明家庭面临的每一次挑战都是可以克服的。另一方面，水寓意婚姻生活是一段漫长的旅程，丈夫和妻子必须共同走过；水还意味着冷却和熄灭愤怒，象征着消除家庭中的烦恼。仪式结束后，新娘在丈夫的带领下走到门口。这一行为的含义是，丈夫必须始终引导他的妻子沿着（真主）同意的道路走向幸福与和谐的婚姻生活。丈夫有义务履行他的责任，确保他的妻子和孩子的安全，并使他们走上伊斯兰教的正义道路。这对新人站在门口迎接客人，也是让他们向客人展示自己的伴侣。

　　按照习俗，新婚夫妇在婚宴后三天回到夫家，这种习俗被称为"三天后回门"。这个习俗的本质是为新娘和新郎提供一个看望父母和回到家乡的契机，让双方家庭多与新人相处。按照习俗，新婚夫妇回家时要带上家庭用品，丈夫准备厨具和烹饪用品，象征着他有责任为家庭准备开支和支持他的新家庭。

第四节　传统与现代的交融

美食领域是现代文化与传统文化碰撞的重要场所。传统的马来、印度和中国美食与现代化餐饮相结合，为文莱的餐桌带来了多样性和新鲜感。马来传统的"尼西亚"（Nasi Katok）和印度的咖喱、中国的火锅在文莱同台竞技、创新发展，展现了文莱美食的多元化和融合性。这种文化碰撞不仅丰富了文莱人的饮食选择，也为游客提供了独特的品尝体验。纱笼代表了传统的马来风情，而西装则象征着现代化的国际形象。在一些正式场合，人们身着传统的纱笼，展现了文莱的传统文化底蕴；而在外交场合，人们则穿着西装，展示了文莱的现代国际形象。这种传统与现代的结合，为文莱带来了独特的文化魅力。马球运动与慈善活动的结合也是现代文化与传统文化碰撞的生动体现，不仅吸引了更多年轻人参与，也为慈善事业提供了新的平台。文莱王室和社会各界通过马球比赛筹集资金支持慈善项目，展现了对社会责任的担当和对慈善事业的支持，为文莱社会的发展注入了新的活力。

一　文化寓于饮食中

在许多地方，饮食不仅是满足生理需求的方式，也是传承和表达文化的重要途径。从东方的宴席礼仪到西方的美食文化，都蕴含着深厚的文化内涵。不同地区的饮食习惯和传统菜肴反映了当地独特的历史、地理、宗教信仰以及社会习俗，因此通过饮食可以了解一个地区的文化。文莱是一个位于东南亚的国家，在美食文化方面有着令人惊叹的丰富传统，融合了马来、印度、中国和西方等文化的烹饪技巧和风味，形成了独特而多样的饮食风貌。文莱的美食不仅丰富多样，而且反映了其独特的历史和文化传统。

文莱的饮食文化深受马来传统的影响。马来人的烹饪风格和口味在当地饮食中占有重要地位。马来饮食注重使用种类丰富的香料和调味料,如辣椒、蒜、姜、葱等,以增添风味。其中,最具代表性的是文莱的传统美食之一——"尼西亚",它是一道简单却美味的马来传统菜肴,由米饭、辣椒酱和炸鸡等组成,是当地人日常生活中的主食之一。

文莱的饮食文化还受到印度移民的影响。随着印度移民的到来,印度美食逐渐融入文莱的饮食文化之中。例如,印度烤饼和咖喱成为文莱人喜爱的美食选择。在文莱的市场和餐馆里,可以找到口味丰富的印度烤饼和香浓的印度咖喱,这些食物不仅受到当地人的喜爱,也成为吸引游客的特色。由于文莱的地理位置和历史,中国传统文化也对当地的饮食文化产生了深远影响。中国移民带来了许多传统的中国菜肴和烹饪技巧,如炒饭、炒面、糖醋排骨等,这些美食在文莱都有独特的版本。此外,中国的火锅也在文莱流行,成为人们聚餐和社交时的重要选择之一。

文莱马来人虔诚信仰伊斯兰教在饮食上严格遵循清真饮食规定。因此,文莱马来人习惯吃牛肉和鱼,主食是大米。他们习惯于吃抓饭,而且吃饭只用右手,如果天生是个左撇子,必须事先向同桌吃饭的人说明,以表示歉意。另外,文莱是禁酒国家,在文莱没有酒卖;游客只能携带275毫升酒入境自用,但不能在公共场合饮酒。斋戒月中,从日出到日落期间,在伊斯兰教徒面前进食是很不礼貌的,游客最好在国际饭店的隔间或私人房间用餐。

文莱吸引了来自世界各地的移民和外国游客,进一步丰富了当地的饮食文化。在文莱的餐馆和酒店中,可以品尝到各种国际美食,包括意大利面食、法国料理、日本寿司等,这些食物丰富了文莱民众的饮食选择,也展示了文莱国际化、多元化的特点。虽然文莱在饮食禁忌方面有较多要求,但当地也有椰浆饭、叻沙、沙爹、五彩点心等多种特色美食。外国游客也可以到中餐馆或西餐馆满足饮食需求。

二 不同场合的服饰

文莱全年闷热，气温通常在 24℃—32℃，炎热季节从 3 月持续到 9 月，因此在生活中，当地人常年身着宽大凉爽的纱笼。所谓纱笼，是马来人下身的围裙，中国史籍中将这种服装称为干幔，泰国人也有类似的服装，称为幔。马来人的纱笼制作手续繁多，成品精美，颜色艳丽，纹路、色泽都独具特色，多以植物为图案的主体，搭配鸟兽图案，材质也非常考究，有纯棉、真丝等，有浓厚的马来风情。到文莱旅行的游客可感受热带风情，尝试民族风"多巴胺穿搭"，心情也将随着艳丽的色彩轻松起来。

除身着纱笼外，文莱男性还佩戴小圆帽，女性则搭配纱笼颜色佩戴头巾。2022 年 1 月，文莱苏丹的女儿出嫁，在婚礼上就穿着银白色的传统套装。套装上缀有钻石，闪亮无比，白色的蕾丝头巾搭配钻石头冠尽显奢华。虽然文莱的传统服饰颜色鲜艳丰富，但需要注意的是，黄色是王室的象征，普通的国民一般不能穿着黄色服饰。在日常生活中，女士的着装需要大方庄重，不能穿着到膝盖以上的短裙与太过暴露的衣服，甚至上衣以长袖为佳；男士则不可在公共场合穿宽松的短袖衫或短裤。文莱的清真寺众多，庄严神圣，进出需要脱鞋，女性还需要包上头巾，穿长裤，否则将被视为大不敬。

虽然纱笼是传统的服饰，但西装在文莱的出现频率也不低，尤其是在较为正式的交际场合。外交场合中，男士一般穿着西装，女士则穿着西装套裙。我们可以在新闻报道中欣赏到文莱苏丹与苏丹后出席国际会议时所着的服饰。例如 2023 年 5 月，文莱苏丹参加英国国王查尔斯三世的加冕典礼时，就穿着黑色西装；同年 5 月的第 42 届东盟峰会上，文莱苏丹穿西装与越南政府总理范明政见面。此外，文莱苏丹还任国防部部长兼武装部队最高统帅、五星上将，因此在一些场合，苏丹也会穿着军队制服出席活动，英姿飒爽。

三 马球赛场上的慈善力量

马球运动作为一项充满魅力和优雅的运动，不仅是贵族社交的重要方式，也成为慈善事业的重要载体。许多马球比赛都将慈善活动作为重要组成部分，通过赛事筹集资金来支持各种慈善项目。这种将运动与慈善相结合的模式不仅有助于提高慈善事业的曝光度，也为参与者提供了一个践行社会责任的机会，彰显了马球运动所代表的高尚品质。文莱王室酷爱马球比赛，苏丹哈桑纳尔年轻时曾是马球赛事的活跃成员，有良马两百多匹，并在努鲁尔·伊曼王宫中建有马球场。王室拥有一支文莱皇家马球队，阿卜杜勒·马丁王子和阿泽玛·尼马图尔·博尔基亚公主是皇家马球队的主力成员。

虽然文莱尤其是王室长期热衷于马球运动，世界马球赛场上也有大量女性运动员，但在文莱，马球基本上是属于男性的运动。阿泽玛公主是王室马球队唯一的女性队员，她在自身参与和享受马球运动的同时，也致力于让更多文莱女性参与其中。近年来，她不仅参加文莱慈善马球赛，还和哥哥一起代表文莱参加国际性的马球比赛，在2017年和2019年举行的东南亚运动会马球比赛中都获得季军。

从2016年起，文莱每年都会在杰鲁东皇家马球场举办一场慈善马球赛，该赛事成为受全国关注的一项盛事。慈善马球赛不仅为文莱王室成员提供了休闲娱乐的机会，也支持了文莱的慈善事业，慈善马球赛的收益会捐赠给文莱慈善中心作为慈善经费。2021年，文莱杰弗里·博尔基亚亲王率领的愤怒的小鸟队（Angry Birds）以2:0的比分击败了由阿泽玛公主率领的亚当斯家族队（Addams Family）夺得冠军，季军则是马丁王子带领的超人特工队（The Incredibles）。赛后，马丁王子和阿泽玛公主将2021年慈善马球赛筹得的13.2162万元善款移交给慈善中心。

2022 年，马丁王子带领的超能英雄队（Heroes）拿下冠军，杰弗里·博尔基亚亲王带领的梦幻英雄队（Side Kicks）赢得亚军，季军则是阿泽玛公主带领的恶人队（Villains）。2023 年 7 月，文莱马球队（Polo Brunei Team）、文莱皇家马球协会及慈善中心举办了慈善马球赛。苏丹和法兹拉公主、阿米拉公主、哈嘉玛丝娜公主等多名王室成员参加出席观赏赛事，马来西亚柔佛州的二王子依德利斯也受邀出席。赛后，苏丹为马丁王子带领的音速小子队（Sonic Forces）颁奖。

第五节 文莱的重大节日

文莱的重大节日既是宗教信仰的体现，更是文莱传统文化的重要组成部分，为国家的发展和社会的进步积淀了深厚的文化底蕴和注入了人文情怀。

一 举国欢腾闹国庆

1984 年的 1 月 1 日，文莱宣布独立，之后每一年公历 1 月 1 日都是文莱庆祝独立的日子，但每年的 2 月 23 日才是文莱的国庆日。在国庆日当天，文莱政府会在首都斯里巴加湾市举行盛大的游行集会活动，苏丹也会检阅三军仪仗队。来自政界、商界、非政府组织、社团等的人群都会组成代表队参加集会。大街小巷都会悬挂国旗与横幅，举国上下齐欢腾。国庆节对文莱民众而言，承载着深厚的历史和现实的重要性。它不仅是庆祝国家从英国保护国地位独立出来的日子，更是一个强化国家认同、凝聚民族精神的时刻。在这一天，文莱民众回顾过去，感慨国家自主发展的历程，同时也展望未来，对国家的繁荣充满期待。国庆庆典活动丰富多彩，从庄严的宗教仪式到全民参与的庆祝活动，每一项都体现了文莱悠久的历史传统和丰富的文化内涵。2024 年是文莱第 40 个国庆日，文莱苏丹哈桑纳尔亲自主持了 2 月 24

日上午在国家体育场举行的庆典仪式，2.5 万人参加了在巴拉卡斯哈桑纳尔博尔基亚国家体育场举行的庆典游行和表演。这届国庆庆典主题是"团结一致，实现国家愿望"。3 月 10 日，文莱自行车赛开赛，这项活动也是为国庆举办的。

二 华人春节收绿包

农历的正月初一是文莱的华人春节。在华人春节来临前，文莱的各大商场都张灯结彩，处处贴满"恭喜发财""大吉大利"等喜庆吉祥的字样，文莱的华人会进行大扫除，挂灯笼，贴对联，吃年饭。文莱政府为了表达对华人习俗的尊重，专门将农历大年初一定为法定假日，在这一天，华人会打开大门，热烈欢迎左邻右舍、亲朋好友到家中共庆春节，当地的马来人也会带小孩外出拜年。文莱的华人小孩在春节也会收到压岁钱，但有趣的是，文莱的华人会将压岁钱装到绿色的信封中，因此小孩收到的是"绿包"。原来，华人的春节习俗传入文莱后，与伊斯兰教文化交汇，为小孩祈福而准备的压岁包也融入了伊斯兰教天课的概念，伊斯兰教将绿色奉为神圣的颜色，"绿包"也就融入了美好的祝福与愿望。文莱苏丹每年都会率领王室成员、政府官员、驻华大使等出席春节团拜会，团拜会的活动极具中国特色，有武术表演、舞狮表演，人们身着唐装或马来服饰，互致问候，大街小巷满是彩旗、彩球、鲜花，热闹非凡。

三 万人空巷为庆生

文莱苏丹陛下华诞也是文莱全国最隆重的节日。在苏丹华诞，文莱全国从乡村到城市都将为苏丹举办各式各样的庆生活动，例如阅兵、授勋、文艺表演、艺术展览、美食节、体育比赛与宗教活动等。百姓会在高楼大厦悬挂庆祝苏丹华诞的巨型条幅，文莱处处张灯结彩、挂满国旗。民间的庆生活动比官方的都要多。每年苏丹华诞，文莱都会在努鲁尔·伊曼王宫举行有功人士册封仪式。民众在与民同乐环节有望见到苏丹，向苏丹呈递请愿书，与王室成员握手，亲口向苏丹说出祝寿词，表达对苏丹的拥护，这是莫大的荣幸。2024年7月15日是文莱苏丹78岁华诞，当天，苏丹出席了阅兵仪式，首相署高级部长王储比拉及王室成员也出席了这次隆重庄严的阅兵仪式。在演奏国歌及鸣放21响礼炮之后，苏丹在军警首长陪同之下，检阅了文莱皇家武装部队及文莱皇家警察部队人员组成的仪仗队，军警联合乐队在场奏乐。文莱民众和游客纷纷到场观看苏丹华诞阅兵仪式，一同祝福敬爱的苏丹陛下诞辰，同欢共乐，现场气氛热闹澎湃。外国嘉宾、各国外交使节、非政府组织代表、华人代表受邀出席。为了庆祝这一重要节日，所有学校、工厂等早在7月1日就悬挂起祝贺横幅，以表达对国家及苏丹的尊敬与效忠。主要道路和建筑物都装饰得五彩斑斓，营造出喜庆热闹的氛围，城市街道上挂起了横幅和彩灯等装饰品，商业场所也挂上了黄色的祝贺横幅，主要道路旁的灯柱上也挂着各种祝贺饰品。到处弥漫着欢乐和喜悦，为庆典营造了热闹的氛围。

四　斋戒月与开斋节

每年的伊斯兰历9月，文莱便进入为期30日的斋戒月，所有穆斯林在斋戒月都应封斋，即每日自拂晓到日落都禁食禁水、禁止娱乐活动。禁食一个月的意义在于赎罪、克制欲望，忍受饥饿以培养对贫穷者的悲悯之心。斋戒月禁食期间，文莱人不可在公共场所饮食或抽烟。同时，在禁食时间出售、供应饮食或香烟供当场食用或抽烟也属不尊重斋戒月的行为。为了勉励穆斯林同胞，每年的斋戒月期间，文莱苏丹都会向全国免费发放椰枣。

斋戒月结束的那一天，是欢乐而庄严的开斋节。开斋节的前夜，大赞辞回响于各地的清真寺和礼拜堂中，人们认真清扫居所，采购礼品，布置房屋，烹煮美食。庆典的当天，穆斯林将盛装外出，聚集在各地清真寺和礼拜堂，进行开斋祈祷。开斋节期间，文莱的穆斯林家庭都会举行"开门迎宾"活动，文莱的王宫连续开放四天，第一天招待各国的使节、高官和各界显贵，余下的三天便迎接民众的到来。王宫会准备丰盛的佳肴、点心与水果，民众在离开时还能获赠印有王室标志的马来点心。政府的官员都会打开门户，欢迎民众到家里品尝糖果和其他美食。盛大的节日让民众深切感受到国王的庇佑与爱护，以及国家的和平稳定。

第八章　稳定发展的文莱外交

随着外部国际形势不断演变，国家内部力量逐渐发展，军事力量不断增强，文莱处理国际事务的能力不断增强，在国际交往中获得主动。在外交层面，文莱广泛参与国际组织、区域组织，积极发展与各国的友好关系；在经济层面，文莱依托自身资源优势不断扩大与世界各国（地区）的经济交往，推动经济多元化发展；在安全方面，文莱积极以培训、联合演习、互访、军事比赛等形式与各国开展合作交流，致力于维护地区和平；在人文交流方面，文莱以伊斯兰教为文化身份支柱，积极传播马来民族传统文化。

第一节　以东盟为基础的外交

文莱推行"大国平衡"战略，坚持"和平、自由、中立"的外交原则。[①] 为创造有利于国家发展的外部环境，文莱的外交政策日趋务实灵活，而东南亚国家事务有外交事务最高优先权。文莱将东盟视为保持地区稳定与安全的支柱，发展与东盟国家的关系是其外交基石。油气资源是文莱向区域内国家抛出的橄榄枝，国防军事力量是文莱维持国家安全和稳定的有力护盾，人文交流是文莱进行外交的途径之一。多年来文莱加强与新加坡、印尼的交流，改善与马来西亚的关

---

① 陆建人主编《东盟的今天与明天——东盟的发展趋势及其在亚太的地位》，经济管理出版社，1999，第6页。

系，巩固与泰国之间的友好关系，积极发展与菲律宾、越南的外交关系。在东盟框架下，文莱通过运用自身经济优势积极策划主办各类会议，与各国领导人会晤，为国家构建了良好的外部环境，同时保证了内部安全及政治利益。文莱以东盟整体为基础开展与域外国家的交流合作，主张国家无论大小强弱，都应互相尊重。目前，文莱是联合国、世界贸易组织、亚太经合组织、亚欧会议、伊斯兰合作组织（原名伊斯兰会议组织）、英联邦、不结盟运动等国际组织的成员国，重视与中美等大国的关系，同时积极与伊斯兰国家交往。

一　油气资源是经济合作的橄榄枝

文莱是怎样做到和东南亚国家、世界大国灵活相处的呢？经济上，文莱政府运用油气资源优势发展自身经济，同时向东盟国家提供经济援助，并与非东盟国家保持双边经济关系。油气产业是文莱经济支柱，同时也是文莱经济发展和国防外交的驱动力，是抛向东盟内外国家的经济合作橄榄枝。当前文莱是东南亚第三大产油国、亚洲第三大液化天然气生产国、世界第四大天然气出口国，油气行业发展势头强劲。2022 年，文莱原油出口额达 2.1 亿美元，在全球原油出口国中排名第 36 位。同年，原油是文莱第三大出口产品。文莱原油出口的主要目的地是澳大利亚（9.98 亿美元）、泰国（2.88 亿美元）、印度（2.77 亿美元）、新加坡（2.59 亿美元）和日本（7680 万美元）。2021年至 2022 年，文莱原油出口市场增长最快的是澳大利亚（3.74 亿美元）、印度尼西亚（6460 万美元）和韩国（6250 万美元）。[①] 通过原油的出口，文莱与上述国家的经济合作不断得到加强。文莱利用自身经济优势积极向东盟国家提供援助。文莱是东盟东部增长区唯一主权国家，利用自身市场潜力大、辐射范围广的优势策划开展东部增长区活

---

① Datawheel, "Crude Petroleum in Brunei," OEC, 2024, https://oec.world/en/profile/bilateral-product/crude-petroleum/reporter/brn，最后访问时间：2024 年 4 月 7 日。

动，向东盟邻国提供双边贷款援助。

此外，文莱还借助油气资源优势发展与域外国家的经济关系。文莱与英国、美国保持紧密经济关系，英美授予文莱多家石油公司特许权，自文莱进口石油。文莱与东亚国家如中日韩、南亚国家印度、西方国家法德等的经济关系也较为密切，主要集中于油气出口与工业品进口等。早在 1984 年，文莱就因为天然气产业和日本建立了密切的外交关系。双方的经济伙伴关系可以追溯到 20 世纪 70 年代初。当时文莱建立了液化天然气工业，日本进口了文莱 90% 的液化天然气，成为文莱最大和最稳定的出口伙伴。[①] 得益于"一带一路"倡议，2023 年 11 月，恒逸实业（文莱）有限公司与文莱石油管理局、文莱经济发展局签署大摩拉岛项目二期工程实施协议。大摩拉岛这座中国与文莱共建的现代化石化产业小岛不断崛起，为文莱经济的长久繁荣注入强劲的动力，文中关系也因此大步向前发展。

二　军事力量是国家安全的护盾

文莱皇家武装部队（Angkatan Bersenjata Diraja Brunei，ABDB）成立于 1961 年 5 月 31 日，最初被称为文莱马来军团（Askar Melayu Brunei），1965 年 5 月 31 日被授予皇家称号，更名为文莱皇家马来军团（Askar Melayu Diraja Brunei）。自 1984 年 1 月 1 日独立日起，文莱皇家马来军团更名为文莱皇家武装部队。该部队的主要职能是：阻止任何意图直接或间接破坏国家主权和领土完整的外部势力，并防止任何实际或潜在的颠覆分子在国家境内活动；针对侵略、恐怖主义或叛乱采取军事行动；如有需要，协助维持公共秩序，为警察提供支援；维持良好的社区关系，促进文莱皇家武装部队与政府和民众之间的紧密互动与联系。根据目前的组织结构，文莱的国防部由国防部部

---

① O. K. Gin, et al., *Routledge Handbook of Contemporary Brunei*, Taylor & Francis Group, 2022, p.53.

长领导，国防部副部长协助其工作。为了满足国防事务和决策过程的需要，实施国防政策，国防部在组织内部设立了文职人员司和军事参谋部。文职人员司由一名常务秘书领导，下设财务和采购局、行政和人力局、发展和工作服务局以及国防政策局。军事参谋部由文莱皇家武装部队司令领导，是国防部部长在国防和军事行动事务方面的主要顾问。军事参谋部下设作战局、情报局、人事局、后勤局和部队能力发展局。国防部在 1986 年底进行了重组和结构调整，其组织结构包括文莱皇家武装部队、文莱皇家马来后备役部队（Royal Brunei Malay Reserve Uni）和廓尔喀后备役部队（Gurkha Reserve Unit）。[①]

现文莱皇家武装部队由皇家陆军、皇家海军、皇家空军、皇家后勤部队、皇家空军训练中心、皇家空军国防学院组成。陆军是文莱的主要兵种，哈吉·穆罕默德·沙农尼扎姆·本·苏莱曼于 2022 年 6 月 27 日担任文莱皇家陆军第一任战地指挥官，并于 2023 年 6 月 9 日担任文莱皇家陆军司令。截至 2020 年，文莱陆军共有约 5600 人，[②]主要装备为突击步枪、装甲车、毒蝎式战车、榴弹炮等。皇家海军成立于 1965 年，部队规模虽小，但装备精良。2023 年 1 月起哈吉·穆罕默德·萨里夫·普丁上尉接任皇家海军代理指挥官。皇家海军的主要职责是进行搜救以及威慑和保卫文莱水域免受海上部队的攻击。为了最大限度地发挥其保卫国家的作用，文莱皇家海军目前正在扩建现有基地，以容纳新购买的配备最新技术的战舰。截至 2020 年，文莱海军共有约 1000 人，[③]主要武器装备有巡逻舰、两栖突击载具、登

---

① 《文莱国家概况》，中华人民共和国外交部网站，2024 年 10 月，https://www.mfa.gov.cn/web/gjhdq_676201/gj_676203/yz_676205/1206_677004/1206x0_677006/，最后访问时间：2024 年 11 月 18 日。

② Global Security，https://www.globalsecurity.org/military/world/brunei/army.htm，最后访问时间：2024 年 4 月 7 日。

③ Global Security，https://www.globalsecurity.org/military/world/brunei/navy.htm，最后访问时间：2024 年 4 月 7 日。

陆艇、武装船只等。皇家空军成立于 1991 年，2020 年 8 月 28 日谢里夫·本·拿督·帕杜卡·哈吉·易卜拉欣被任命为文莱皇家空军司令。文莱皇家空军的优势在于有更远的射程和更大的区域覆盖范围，有更快的反应速度，以及在部署和支持地面部队方面有更强的灵活性，可用于战术机动和提供补给，其空中监视也是文莱实现海域控制和国界监控的基础。截至 2020 年，文莱皇家空军约有 1100 人，[①]其主要由旋翼飞机机队提供战术监视和机动，现有的黑鹰直升机在速度、战术航程、有效载荷和部队部署方面能力突出。

防务问题上，由于国土面积小，文莱军事实力有限，但文莱非常重视发展自身军事力量。皇家武装部队是文莱主要国防力量，以军队职业化为目标。近五年来，文莱政府对国防建设的投入逐年攀升。2024 年，文莱的国防预算激增，文莱政府拨款 7.963 亿文莱元（5.94 亿美元）用于国防，对比上一年拨款 6.052 亿文莱元，增加了 31.6%，军费开支的增幅大大超过了 2024/2025 财年期间政府总体支出 5.5% 的增幅。[②]文莱面临着复杂且不可预测的安全形势，文莱苏丹非常重视国防部和文莱皇家武装部队的升级，因此加大投入力度，努力提高监测水下威胁的能力，以确保有效应对潜在威胁，维护文莱的领土安全。文莱已表示有意向购买新的国防装备，包括海上监视雷达、空域监视平台、海上巡逻机、固定翼运输机、中程防空系统等。2022 年 12 月文莱采购了四架空客 C295MW 战术运输机，其中两架于 2024 年 2 月 14 日投入使用，此外，文莱还在 2022 年购买了英西图（Insitu）制造的"综合者"（Integrator）无人机，随后组建了第一个无人机部队——第三十九中队。2023 年，新加坡向文莱捐赠了两艘 500 吨级巡

---

① Global Security, https://www.globalsecurity.org/military/world/brunei/air-force.htm，最后访问时间：2024 年 4 月 7 日。

② Global Security, "Brunei Defense Budget Surges by 32%, with Focus on Intel, Targeting," Defensenews, Mar 8, 2024, https://www.defensenews.com/global/asia-pacific/2024/03/07/brunei-defense-budget-surges-by-32-with-focus-on-intel-targeting/，最后访问时间：2024 年 4 月 7 日。

逻舰。除了新装备外，文莱军方还计划谨慎管理现有资产，动力系统和基础设施的更换、升级和使用寿命延长计划将根据优先级分阶段进行，然后再进行未来的新采购，不断增强军事实力。

文莱现役兵力少，但也积极与东盟国家进行军事合作以增强地区凝聚力。文莱与新加坡、泰国、菲律宾、马来西亚、印度尼西亚等东盟国家的军事往来频繁。在防务合作协定下，文莱与东盟国家开展军事演习、培训方面的合作，共同增强军事实力。文莱还通过与外国军队合作弥补自身军力不足。文莱推行志愿兵役制，但文莱人口较少，军队兵源不足，导致军队的发展受到限制，因此，文莱主要依靠发展与外国军队的合作弥补自身不足。文莱皇家武装部队与英国、美国、澳大利亚等西方国家建立了双边军事合作关系，主要合作内容包括签订国防合作谅解备忘录、举行联合军演、互访、军事比赛等。

三 人文交流是外交的重要桥梁

人文交流方面，文莱非常注重与其他国家的机制建设、教育合作、文化合作等。机制建设方面，文莱积极参与建立中国－东盟文化部长会议机制、中国东盟教育部长会议机制等，此外还参加中国－东盟各项论坛，极大促进了东盟成员国与中国的人文交流。中国－东盟文化部长会议机制是一个旨在促进中国与东盟国家在文化领域合作的重要平台。文莱作为其中一员，积极参与并贡献了自己的智慧和力量。在这个机制下，文莱与中国以及东盟其他成员国分享了自己的文化遗产保护和文化产业发展的经验，加强了双方在文化领域的相互了解和合作。此外，文莱还积极参加了中国－东盟博览会、中国－东盟高校校长论坛等。这些论坛为文莱与中国以及东盟其他国家的政府官员、企业家、学者等提供了一个广泛交流的平台，加深了双方在政治、经济、文化等多个领域的合作与理解，促进了中国与东盟国家之间的友好关系和互利合作。

文莱是一个重视教育的国家，政府一直致力于提升教育水平和质量，为国家的可持续发展奠定坚实的基础。文莱与中国和东盟其他成员国的教育部门保持密切联系，通过定期的教育部长会议、教育高层对话等，就各自的教育政策、教学方法、课程设置等方面进行深入交流和探讨。通过分享经验、借鉴先进做法，文莱可以在教育改革和发展中受益，并为他国的教育事业提供有益建议和支持。教育技术应用是当前教育领域的热点和重要发展方向之一。文莱与中国以及东盟其他国家一起，探讨并共同推动教育技术的应用，以提升教学效率和质量。其内容包括推广信息技术在教育中的应用、建设数字化教育平台、开发教育软件和应用程序等。通过共同努力，为学生提供更丰富、更具吸引力的学习体验，增强教育的针对性和实用性。

教育体制改革不仅是文莱与中国及其他东盟成员国间合作的又一关键领域，更是推动区域教育资源共享、质量提升与共同发展的重要动力。文莱政府不断探索和推进教育体制的改革与创新，致力于构建适应时代发展需求的教育体系。通过参与中国－东盟教育部长会议，文莱借鉴他国的教育改革经验，吸收先进理念和做法，为本国的教育体制改革提供借鉴和参考。同时，文莱也分享自身的教育改革成果和经验，为其他东盟国家提供参考和借鉴。此外，教育合作不仅局限于政府层面，还包括学术界、教育机构以及企业等多种主体。文莱与中国以及东盟其他国家的大学、研究机构等合作，共同开展科研、教育交流、师资培训等活动，促进教育资源的共享和互通。同时，文莱还鼓励本国学生赴中国和东盟其他国家留学、交流，增进彼此之间的理解和友谊，培养国际化人才。

文化合作方面，文莱与东盟的文化交流非常密切。首先，文莱积极参与东盟的各种文化活动，比如东盟文化节、东盟青年交流活动等，这些都促进了成员国之间的文化交流和理解。其次，文莱政府鼓励国内外的文化交流活动，比如邀请外国艺术家到文莱演出，同时也派遣本国艺术家到其他国家进行文化交流。此外，文莱的教育机构也与东盟其他国家的教育机构建立了合作关系，开展了许多学术交流和师生互换的项目。最后，旅游也是文化交流的重要路径。每年都有大量的游客来到文莱，体验这里的独特文化和风土人情。文莱与东盟的文化交流是多渠道、多元化的，对于增进区域内的文化理解和友谊起到了促进作用。

在当前全球化的背景下，文化合作已经成为各国之间重要的合作领域。文莱作为一个重视宗教信仰和文化传统的国家，通过加入伊斯兰合作组织等国际组织，积极参与伊斯兰世界的文化交流与合作，不仅促进了双方之间的人文交流，也拓宽了国际外交领域的合作空间。相信在双方共同努力下，文莱与伊斯兰世界各国的文化合作将迎来更加美好的未来，为促进地区和平、稳定与繁荣作出新的贡献。

第二节　文莱与其他东盟国家的关系

文莱将东盟国家视为保持东南亚地区安全与稳定的牢固支柱，维系与东盟国家的友好关系是文莱走向世界的基石。独立以后，文莱最先主动"牵起"与自己最近的新加坡与印尼的"手"，后来又积极改善和马来西亚的关系，拉紧与泰国的"手"，也向菲律宾抛出橄榄枝，与越南建立了大使级的外交关系。东盟组织渐渐扩大后，文莱与老挝、柬埔寨和缅甸的交往也逐渐增多。

一　文莱与新加坡关系

新加坡是文莱在东南亚国家中最密切的伙伴，与文莱于1984年建立外交关系，两个国家都属于英联邦成员国，同时都是东盟成员国。世界银行最新数据显示，2023年，卢森堡人均GDP达到12.83万美元，排名全球第一；同年，东南亚地区新加坡人均GDP为8.47

万美元，文莱的人均 GDP 为 3.34 万美元，是该地区数一数二的富裕国家。①

两国经济关系密切，货币汇率直接挂钩。也就是说，文莱元与新加坡元的汇率为 1:1，两个国家的国民在对方国家消费时，都不用兑换钱币。早在 1967 年 6 月，新加坡和文莱就签署了货币等值流通协定。为庆祝两国货币等值流通协定签署 50 周年，文莱与新加坡发行了面值为 50 新加坡元和 50 文莱元的纪念钞，2017 年 7 月 5 日，新加坡总理李显龙与文莱苏丹哈桑纳尔·博尔基亚共同出席了在新加坡举行的纪念钞发行仪式。②货币汇率挂钩既有助于稳定双方的币值，又有利于促进两国双边贸易投资，更是双方维系长久且密切合作关系的重要基础。2005 年，文莱外长穆罕默德·博尔基亚亲王与新加坡外长杨荣文代表两国签署了避免双重征税协定。2022 年新加坡是文莱第五大贸易伙伴，也是文莱主要的出口市场，双方的贸易额达到 23.9 亿美元，占比为 10.0%；文莱对新加坡的出口额为 19.3 亿美元，占比 13.4%。③2022 年 1 月 1 日，《区域全面经济伙伴关系协定》（RCEP）正式生效，在 RCEP 框架下，文莱的降税产品范围和降税幅度进一步扩大。

两国高层互访频繁。2004 年，李显龙就任新加坡总理后，选择文莱为东盟之行的第一站。2006 年，新加坡总统纳丹授予文莱王储比拉"卓越服务勋章"以纪念王储比拉对新加坡与文莱的警务合作作出的

---

① 《世界经济展望》，国际货币基金组织网站，2024 年 10 月，https://www.imf.org/external/datamapper/profile/BRN，最后访问时间：2024 年 11 月 18 日。

② 《新加坡文莱发行纪念钞庆祝货币等值流通协定签署 50 周年》，新华网，2017 年 7 月 6 日，http://www.xinhuanet.com//world/2017-07/06/c_1121270986.htm，最后访问时间：2023 年 9 月 27 日。

③ 商务部对外投资和经济合作司、商务部国际贸易经济合作研究院、中国驻文莱大使馆经济商务处：《对外投资合作国别（地区）指南：文莱》（2023 年版），中华人民共和国商务部网站，2024 年 4 月，https://www.mofcom.gov.cn/dl/gbdqzn/upload/wenlai.pdf，第 31—32 页，最后访问时间：2024 年 11 月 18 日。

卓越贡献。2010 年至 2011 年，文莱和新加坡之间的高层互访高达 13 次。此外，文莱的王室成员也积极访问新加坡，延续两国特殊友谊。2023 年 7 月 15 日，新加坡卫生部部长王乙康与夫人郭新玲出席了文莱苏丹 77 岁华诞庆典，并与文莱王储比拉再次见面，新加坡期待与文莱国王和王储共同努力，进一步加强两国关系，延续多年的合作。①同年 9 月 11 日，马丁王子以李光耀交流研究计划学者的身份赴新加坡进行为期四天的高层交流访问，马丁王子出席了由新加坡相关政府部门和机构主持的介绍会和实地考察活动，了解了有关经济转型、城市规划、技术和职业教育、国防、可持续发展和创业精神等的课题。②9 月 13 日，新加坡副总理兼财政部部长黄循财与王子共进早餐，李显龙总理和马丁王子共进午餐，并提出，文莱和新加坡的下一代领导人将继续推动双边关系向前发展。

　　两国在科教文卫方面的合作令人瞩目。两国在新冠疫情期间密切合作，在疫苗、供应链和互联互通等方面彼此扶持、共渡难关，充分凸显了两国对彼此的承诺。文莱与新加坡为了加强在能源、绿色经济、食品和医疗等领域的合作，专门在 2022 年签署了多份合作备忘录。③其中能源与绿色经济领域的合作谅解备忘录指出，两国将在氢能、太阳能、碳捕获等新兴低碳技术领域加强合作。双方签署了食品、医疗领域的谅解备忘录，将促进在这些领域的投资与合作，在危机时期相互支持，如为两国间的食品和医疗产品运输创造有利条件等。此外还有支持文莱学生赴新加坡留学和增进两国国家管理经验交

① 《王乙康访文莱为苏丹波基亚庆生　讨论加强双边关系》，〔新加坡〕联合早报网，2023 年 7 月 16 日，https://www.zaobao.com.sg/news/singapore/story20230716-1414552，最后访问时间：2023 年 12 月 4 日。

② 《文莱王子阿都马丁访新四天》，〔新加坡〕联合早报网，2023 年 9 月 10 日，https://www.zaobao.com.sg/news/singapore/story20230910-1432193，最后访问时间：2023 年 12 月 4 日。

③ 《新加坡和文莱加强绿色经济领域合作》，Vietnam+ 网，2022 年 8 月 26 日，https://link.gov.vn/JkrRb2a8，最后访问时间：2023 年 12 月 4 日。

流的青年教育奖学金，通过帮助更多文莱青年到新加坡念书，加强两国下一代人的联系。公共服务的谅解备忘录则会让两国公共服务体系建立更密切的关系，促进最佳治理方式的交流。

二　文莱与印尼关系

印尼是文莱的近邻，和文莱一样是东南亚国家中探明石油储量较大的国家之一。据印尼官方统计，印尼石油储量约97亿桶（13.1亿吨），天然气储量4.8万亿—5.1万亿立方米，煤炭已探明储量193亿吨，潜在储量可达900亿吨以上。[①] 印尼最大的石油企业为国家石油公司（Pertamina），据2023年《财富》公布，印尼国家石油公司排名第141位。根据2023年《BP世界能源统计年鉴》，截至2022年底，文莱已探明石油储量为11亿桶，占全球总量的0.1%；天然气储量为2000亿立方米，占全球总量的0.1%，日产量9.2万桶，同比下降13.8%；液化天然气日产量7000桶，同比下降13.8%；天然气年产量106亿立方米，同比下降8.2%。[②]

在政治方面，两国领导人积极交往。1984年1月，印尼总统苏哈托致电文莱苏丹，祝贺文莱独立。两国建交后，双方的高层频繁互访，1997年亚洲金融危机爆发，文莱苏丹赴印尼进行私人访问，向印尼提供了12亿美元的备用贷款，帮助印尼克服亚洲金融危机带来的困难。1998年文莱苏丹赴印尼出席不结盟运动"南南技术合作中心"揭幕式，该中心由文莱与印尼共同出资1060万美元建成，其中

---

① 贸促会驻外代表处印度尼西亚：《印尼国家简况及经济简况》，中国国际贸易促进委员会网站，2021年12月17日，https://www.ccpit.org/indonesia/a/20211217/20211217kmbh.html，最后访问时间：2023年11月12日。

② 商务部对外投资和经济合作司、商务部国际贸易经济合作研究院、中国驻文莱大使馆经济商务处：《对外投资合作国别（地区）指南：文莱》（2023年版），中华人民共和国商务部网站，2024年4月，https://www.mofcom.gov.cn/dl/gbdqzn/upload/yindunixiya.pdf，第3页，最后访问时间：2024年11月18日。

大部分资金由文莱捐赠。21 世纪后，印尼总统多次访问文莱，文莱苏丹也多次访问印度尼西亚。2000 年 2 月，印尼第四任总统瓦希德访问文莱。印尼第五任总统梅加瓦蒂于 2001 年 8 月和 2003 年 8 月访问文莱。2006 年 2 月，印尼第六任总统苏西洛访问文莱。2006 年 4 月，文莱苏丹率领外交与贸易部部长、青年文化部部长等一行 28 人访问印尼，两国签署了谅解备忘录，就旅游、文化、国防、情报交换、信息交换、救灾联合演习等领域的合作进行了磋商，当年印尼政府还向文莱苏丹颁发了"空军徽章"和"荣誉公民"，以表彰文莱苏丹为促进印尼与文莱关系作出的卓越贡献。2008 年 11 月，文莱苏丹再次访问印尼，2010 年至 2011 年，文莱与印尼之间的高层互访多达 10 次，两国的友好关系快速发展。2018 年 3 月 5 日，印尼现任总统佐科在西爪哇茂物宫与文莱苏丹进行双边会晤。① 两位领导人讨论了印尼与文莱间贸易额因油价下跌而下降的问题，并决定共同探索潜在的贸易和投资领域，如渔业、农业、航运和港口领域的合作，以增加贸易额。此外，双方领导人还讨论了东盟的中心地位与团结的重要性。2019 年佐科连任总统，在举办就职典礼当天，文莱苏丹是第一个抵达独立宫的客人。② 两国关系持续友好发展。

在经济方面，文莱与印尼共同促进双方贸易和旅游关系发展，强化互联互通。因无海运航线，文莱与印尼的贸易只能从新加坡进行转口。2019 年，印尼驻文莱使馆通过与各方积极协调、推动，努力加快

---

① Office of Assistant to Deputy Cabinet Secretary for State Documents & Translation，"President Jokowi，Brunei Sultan Have Bilateral Talks，" Cabinet Secretariat of the Republic of Indonesia，May 3，2018，https://setkab.go.id/en/president-jokowi-brunei-sultan-have-bilateral-talks/，最后访问时间：2023 年 11 月 27 日。

② Office of Assistant to Deputy Cabinet Secretary for State Documents & Translation，"President Jokowi Welcomes Brunei Sultan，Australia PM at Merdeka Palace，" Cabinet Secretariat of the Republic of Indonesia，October 20，2019，https://setkab.go.id/en/president-jokowi-welcomes-brunei-sultan-australia-pm-at-merdeka-palace/，最后访问时间：2023 年 11 月 27 日。

实现印尼至文莱海运货运的开通。2021 年，文莱对印尼出口额达 1.72
亿美元。文莱出口到印尼的主要产品是精炼石油（9920 万美元）、无
环醇（4640 万美元）和硫黄（1120 万美元）。在过去 24 年中，文莱
对印尼的出口额以年化 12.5% 的速度增长，从 1997 年的 1030 万美元
增至 2021 年的 1.72 亿美元。2021 年，印尼对文莱出口额达 2.48 亿美
元。印尼向文莱出口的主要产品是煤炭（1.24 亿美元）、汽车（4140
万美元）和水泥（907 万美元）。

在社会文化方面，文莱与印尼以较为多元的方式促进交流。2020
年 9 月 21 日，印尼驻文莱大使在其大使官邸宴请文莱文化界人士。
出席晚宴的文化界名流有文莱的文化青年和体育部文化艺术负责人、
音乐家、众多节目主持人、媒体代表以及印尼在文莱的社区文化团体
代表。[①] 印尼驻文莱大使表示文化是发展文印双边关系的一个方式，
两国同属马来大家庭，在语言、饮食和社交方式等多方面都具有相似
之处。2021 年，文莱的学生踊跃参观印尼使馆文化展台。[②]2021 年 2
月 28 日，在斯里巴加湾大学（KUPU SB）国际日上，许多热情的文
莱学生参观了多功能理事会的印尼文化展位。这次展会的主题是"印
度尼西亚：丰富的文化遗产"。印尼驻文莱大使馆展出了代表印尼 34
个省份的身着印尼传统服饰的人像以及相关信息，还展出了以印尼最
古老的《古兰经》和世界上最大的《古兰经》版本的相关资料，以及

---

① "Strengthening Bilateral Cultural Friendship,the Indonesian Ambassador Hosted Brunei
Darussalam Brunei Artists，" Embassy of the Republic of Indonesia in Bandar Seri Begawan,
Brunei Darussalam, September 24, 2020, https://kemlu.go.id/bandarseribegawan/en/
news/8557/strengthening-bilateral-cultural-friendship-the-indonesian-ambassador-hosted-
brunei-darussalam-brunei-artists，最后访问时间：2023 年 12 月 27 日。

② "Bruneian Students Enthusiastically Visited the Indonesian Embassy Cultural Booth，"
Embassy of the Republic of Indonesia in Bandar Seri Begawan, Brunei Darussalam,
March 3, 2021, https://kemlu.go.id/bandarseribegawan/en/news/11414/bruneian-students-
enthusiastically-visited-the-indonesian-embassy-cultural-booth，最后访问时间：2023 年 12
月 27 日。

印尼清真寺的相关书籍等。"从娃娃抓起"的文化交流教育在潜移默化中增强了双方的民族认同。

三　文莱与马来西亚关系

1980年前，文莱与马来西亚的关系起伏不定，甚至一度恶化，在文莱独立后，两国关系才逐渐向好发展。故事要说回1961年5月，马来亚总理东古·阿卜杜勒·拉赫曼提出建立包括马来亚、新加坡、沙捞越、文莱和沙巴在内的马来西亚联邦，该提议直接导致文莱内部政治纷争和分裂。文莱苏丹奥玛尔·阿里·赛福鼎表示支持，提议在1962年7月加入马来西亚联邦，但遭到了文莱人民党拒绝。1962年2月，文莱和马来亚政府开启首轮加入马来西亚联邦谈判，文方满意谈判结果。同年6月的第二轮谈判中，文莱和马来亚在石油收入分配问题、各成员领导人轮值国家元首的次序上产生了分歧，双方谈判破裂。一气之下，马来亚召回向文莱派驻的技术专家，不再为文莱发行货币；文莱取消了马来亚航空公司在斯里巴加湾的着陆权。12月，人民党组织武装分子发动起义，反对加入马来西亚联邦，但最终被驻扎在新加坡的英国军队镇压。文马双边关系走向恶化。马方谴责文莱的专制统治，表示支持文莱人民党，还在1966年为当初起义失败的文莱人民党人员提供了政治庇护。事情发展到1975年，马来西亚支持文莱人民党代表团向联合国非殖民化委员会递交文莱独立的提案。[①]文莱认为马来西亚此举干涉文方内政，于是重提1890年就产生的领土争端，双方关系再度恶化。马来西亚国内爆发游行示威活动，文莱政府直接禁止马来西亚官方车辆进入文方领土。1977年，这项提案得到通过，成为一项正式决议。联合国要求文莱举行民主选举，但由于文莱人民党一直以来都得到马来西亚政府的支持，文莱国内阵营存

---

① 刘新生、潘正秀编著《列国志·文莱》，社会科学文献出版社，2005，第215页。

在明显矛盾，文马双方的关系持续恶化。

1976 年，马来西亚第三任总理侯赛因·奥恩上台，事情终于出现转机。他认为，文莱的独立已成定局，当前最重要的问题是解决文莱主权问题以及油气资源收益分配问题，因此不能再与文莱处于敌对状态。于是侯赛因·奥恩主动向文莱释放善意，先是终止了对文莱人民党的支持，不再干涉文莱内政，然后积极参加文莱王室成员婚礼，多次促成高层互访。1980 年 3 月，马来西亚最高元首访问文莱，1981 年 1 月，文莱苏丹首次正式访问马来西亚。同年，马来西亚第四任总理马哈蒂尔上任，大力推行对文莱友好政策，副总理穆萨·希塔姆访问时也明确表示支持文莱独立后加入东盟。1983 年马哈蒂尔总理访问文莱，此后文莱与马来西亚在文化、体育、航运、技术援助、教育等方面的合作重新开启。两国还决定互派大使，建立外交关系，共同探寻解决领土争端的途径。1987 年和 1988 年，文莱以《1958 年法案》为依据公布了三份地图，明确了自己的领土范围，同时针对有争议的领土向邻国表明主张，表达进一步确定边界的意愿。历经 20 多年，文莱与马来西亚于 2012 年 3 月达成联合勘界协定，并签署了合作备忘录，成立"联合陆地边界技术委员会"，开始系统进行边界共同勘测。① 自此，两国的关系得到根本改善。马来西亚是文莱唯一的陆上邻国，对文莱而言，这个邻国在经济、军事、资源等多方面都远比自己强大，如果双方交恶，文莱就将面临陆地与海洋的双重威胁。对马来西亚而言，文莱扼沙捞越与沙巴交通之要道，若该要道保持畅通，则能进一步保证马来西亚地区经济发展的稳定性。两国通过和平方式解决领土问题成为领土争端解决的范本。

重归于好后，两国在政治上积极交流，在经济上互相扶持。2022 年 11 月 28 日，文莱苏丹访问马来西亚，成为马来西亚第十任总理安

---

① 《文莱与马来西亚就争议领土划分签署合作备忘录》，〔文莱〕《婆罗洲公报》2012 年 3 月 21 日。

华（又译安瓦尔）上任后首位访马的外国元首。① 安华亲自为文莱苏丹接机，苏丹也亲自驾驶宝马轿车载着安华前往布城首相署，可以看出关系之亲近。2023 年 8 月 4 日，文莱苏丹对马来西亚进行国事访问。② 马来西亚隆重举行国宾欢迎仪式迎接文莱苏丹。在庄严的氛围中，皇家马来军团乐队奏响文莱和马来西亚国歌，随后鸣礼炮 21 响，文莱苏丹还检阅了皇家马来军团仪仗队。马来西亚总理安华与文莱苏丹在马来西亚普特拉加亚市举行了马来西亚与文莱领导人之间第 24 次年度磋商。③ 会后双方发表了联合声明，声明指出，双方领导人都重申了继续与东盟对话伙伴合作和在共同利益的基础上推进东盟外向型发展，旨在进一步推动构建东盟共同体的努力。双方一致强调保持东盟内部的统一性的重要性，两位领导人认为，发挥东盟在区域合作中的核心作用是确保有效把握机遇和敏捷应对未来挑战的必要因素。

马来西亚是文莱主要的外贸伙伴和投资来源国，双方贸易从 2021 年到 2022 年持续增长，经济关系不断密切。数据显示，2022 年马来西亚是文莱的第一大贸易伙伴，双方贸易额为 39.5 亿美元，占比 16.5%。④ 2023 年 1 月，马来西亚总理安华与文莱苏丹举行了会谈。⑤ 两国领导人共同见证了马来西亚投资发展局（Mida）与文莱投资局（BIA）签署谅解备忘录，以进一步扩大两国在油气下游产业、

---

① 《文莱苏丹开车载马国首相安华》，〔新加坡〕《联合早报》2022 年 11 月 28 日。

② 《文莱苏丹访马 3 天　将见证签署数协议》，〔马来西亚〕星洲网，2023 年 8 月 2 日，https://www.sinchew.com.my/news/20230802/nation/4877381，最后访问时间：2023 年 12 月 30 日。

③ 《马来西亚与文莱高度重视东盟内部的统一》，Vietnam+ 网，2023 年 8 月 4 日，https://link.gov.vn/bLZWyrHi，最后访问时间：2023 年 12 月 30 日。

④ 商务部对外投资和经济合作司、商务部国际贸易经济合作研究院、中国驻文莱大使馆经济商务处：《对外投资合作国别（地区）指南：文莱》（2023 年版），中华人民共和国商务部网站，2024 年 4 月，https://www.mofcom.gov.cn/dl/gbdqzn/upload/wenlai.pdf，第 31 页，最后访问时间：2024 年 11 月 18 日。

⑤ 《马来西亚和文莱签署合作备忘录促进双边投资》，Vietnam+ 网，2023 年 1 月 27 日，https://link.gov.vn/br2KiWb9，最后访问时间：2024 年 1 月 20 日。

数字经济、智能制造、智慧农业、旅游和清真食品等领域的投资与合作关系。

四 文莱与泰国关系

文莱与泰国建交于 1984 年 1 月 1 日，多年来两国历代君主和历届政府之间的交流不断强化双方密切友好的关系。两国在东盟、联合国、亚太经合组织、不结盟运动和伊斯兰合作组织等多边区域和国际平台积极交流，在共同感兴趣的各个领域合作，双边关系充满活力。

两国的高层关系友好。泰国的王室和文莱的王室一样象征着国家的团结，君主在政治体系、国家事务、文化中都扮演着重要角色。2006 年，泰国国王拉玛九世普密蓬·阿杜德登基 60 周年皇家宴会在曼谷举行，多国王室前往道贺。[1] 文莱苏丹出席了该"钻石庆典"，在出席的宾客中，文莱苏丹是统治时间最长的国王。抵达曼谷阿南达沙马洪王座大厅后，时任泰国总理他信·西那瓦及其夫人热情迎接文莱苏丹，泰国国王普密蓬与王后诗丽吉在内殿正门迎接文莱苏丹及王室成员，两国王室成员互相介绍，彬彬有礼，一派和谐。泰国总理表示文莱苏丹、苏丹后及其他王室成员的到场体现了泰国与文莱的领导人与国家之间的密切关系，泰国国王对文莱苏丹及王室成员的到来表示感谢。[2] 2015 年 3 月，泰国总理巴育访问文莱。[3] 文莱苏丹与泰国总理巴育举行了双边会晤，讨论了文莱和泰国的双边关系有关问题，双方共同见证了两国政府农业合作谅解备忘录的签署。

---

[1] 《泰王举行六十周年庆典 外国王室将前往道贺》，中国日报网，2006 年 6 月 8 日，https://www.chinadaily.com.cn/hqbl/2006-06/08/content_611422.htm，最后访问时间：2024 年 1 月 20 日。

[2] "Their Majesties Pay Tribute to Thai King," Sultanate, June 13, 2006, http://sultanate.com/news server/2006/13_jun_2.html，最后访问时间：2024 年 1 月 20 日。

[3] "Thai PM visits Brunei," Global Times, March 25, 2015, https://www.globaltimes.cn/content/913976.shtml，最后访问时间：2024 年 1 月 20 日。

2023 年 10 月 10 日，时任泰国总理赛塔访问文莱。① 在双方建交即将满 40 年之际，赛塔的正式访问凸显了泰国和文莱之间的密切关系。在努鲁尔·伊曼王宫参加欢迎仪式后，泰国总理与文莱苏丹举行了双边会谈。会谈期间，双方就多个互利共赢的问题进行了深入洽谈。泰国和文莱对两国多年友好关系充满信心，尤其是在王室层面，这一关系成为两国友谊的重要支柱。泰国总理强调了应充分利用现有的双边机制来进一步发展两国关系，特别是在经济领域，双方领导人都希望能够加强在经济领域的合作关系，赛塔还邀请文莱投资局赴泰进行投资，尤其是在服务业、旅游业和基建等潜力巨大的行业。两国领导人都高度重视粮食安全领域的合作。赛塔表示，泰国愿意成为文莱在这一领域的长期合作伙伴，因为泰国在农业和粮食生产方面具备雄厚实力。赛塔还希望扩大泰国清真产品的出口量，尤其是鸡肉和泰国香米。同时，两国还准备加强在能源领域的合作关系，并期待加强东盟经济一体化的合作。

泰国和文莱的民间关系牢固，主要体现在旅游、劳工、文化、教育等方面。旅游方面，2014 年至 2017 年，文莱游客为泰国政府带来的旅游收入直线上涨，从 5.15 亿泰铢上升到 8.65 亿泰铢，2019 年更是创下新高，达到 9.45 亿泰铢。2020 年，文莱有 2444 人次游客前往泰国旅游，每人每天的平均消费达到 6649.65 泰铢，旅游收入达到 1.67 亿泰铢。② 从数据可以看到，尽管文莱前往泰国旅游的人数不多，但是为泰国带来了不少收益。劳工方面，泰国在文莱的劳工主要从事建筑业、服务业的工作，他们诚实、耐心、勤奋的品质受到文莱商界人士的广泛认可。文化方面，2004 年，泰国驻文莱大使馆与文莱文化

---

① 《泰国总理赛塔访问文莱》，泰国头条新闻网，2023 年 10 月 11 日，https://www.thaiheadlines.com/138954/，最后访问时间：2023 年 12 月 3 日。

② 《入境泰国外国游客人数统计》，泰国国家统计局网站，https://ittdashboard.nso.go.th/preview.php?id_project=84，最后访问时间：2024 年 11 月 18 日。

体育部举办了泰国节庆典，以交流艺术和文化，泰国的舞蹈团和音乐家还在 2003 年 5 月 23 日至 26 日赴文莱进行文艺演出。教育合作方面，泰国和文莱互设政府奖学金，有很多私人企业也会向赴对方国家学习的学生提供资金支持。2009 年，文莱教育部部长佩欣·阿卜杜拉·拉赫曼·泰益与访文的泰国教育部部长签署教育合作协议。[①] 两国合作框架涉及课程、培训、研究、教师发展、学生交流等领域。

五　文莱与菲律宾关系

文莱曾经是一个重要的贸易中心，拥有悠久的历史和丰富的文化遗产，菲律宾也有较为悠久的历史，而且两国都曾经受到西方国家的殖民统治。文莱和菲律宾都是东盟的成员国，双方都致力于促进地区合作的稳定。菲律宾与文莱建交于 1984 年，双方关系一直较为平淡，两国在东盟框架内进行了一系列的合作，涵盖地区安全、经济发展、环境保护等领域。但近年来双方在防务、农业、贸易、教育等方面的合作逐渐增加。

政治上，2011 年，菲律宾总统阿基诺三世在文莱访问期间与文莱政府有关部门及企业进行了会谈，双方在油气、基础设施、农业、渔业等领域加强合作。[②] 两国一致同意通过合资企业加大对食品和农业的投资，并加强该领域的培训和能力建设；在旅游开发方面，两国鼓励互访，通过共享宣传册及其他促销材料共同推出促销计划，并通过信息交换及参与两国间展览，共同促进医疗旅游的发展。2015 年 11 月文莱苏丹出席在菲律宾举行的亚太经合组织会议，2017 年 4 月文莱苏丹对菲律宾进行国事访问并出席在马尼拉举行的第 30 届东盟峰会，

---

① 《泰国–文莱共建国家教育》，MGR ONLINE，2009 年 11 月 23 日，https://mgronline. com/qol/detail/9520000141425，最后访问时间：2023 年 10 月 15 日。

② 《文莱与菲律宾探讨进一步加强经济合作》，中华人民共和国驻文莱达鲁萨兰国大使馆经济商务处网站，2011 年 6 月 3 日，http://bn.mofcom.gov.cn/article/jmxw/201106/20110 607585073.shtml，最后访问时间：2023 年 10 月 15 日。

2017 年 11 月文莱苏丹出席在菲律宾举行的第 31 届东盟峰会。①

经济上，菲律宾是一个人口众多的国家，拥有丰富的劳动力和农业资源，文莱以石油和天然气出口为主要经济支柱，两国之间存在一些贸易和经济合作，主要集中在农产品和制造业方面。2021 年 7 月 16 日，文莱和菲律宾签署避免双重征税和防止偷税漏税协议。文莱财经主管部长刘光明表示，该协议向私营部门发出了一个明确信号，即双方致力于通过明确的税收、征税权和避免双重征税，为企业创造更加透明和有利的营商环境。②同一笔收入在两个或多个国家征税时，容易出现双重征税。跨境贸易或投资中就会出现双重征税。消除双重征税可以减少企业纳税负担，从而使商业和金融部门受益。与此同时，防止逃税有助于提高财政收入，这对于确保有效和及时提供公共服务以及实现债务可持续发展目标至关重要。作为东盟成员国，文莱和菲律宾都致力于解决阻碍区域贸易和投资的税收问题。东盟税务论坛的倡议包括建立避免双重征税双边协议网络以及解决预扣税和双重征税问题。该论坛还致力于自动交换信息，以减少逃税。

文莱和菲律宾也同意共同促进清真产业和出口的发展。两国于 2017 年 4 月签署了关于清真产业和清真出口发展与促进的谅解备忘录，旨在促进两国在文化和清真产业领域的合作。③时任菲律宾总统杜特尔特与文莱苏丹于 4 月 27 日在马拉坎南宫进行国事访问期间见证了协议的签署。该谅解备忘录旨在促进清真产业和清真产品开发方面的合作，减少贸易技术壁垒，促进菲律宾和文莱之间的双边关系发

① Foreign Policy Menu, "Philippines," Ministry of Foreign Affairs, May 2010, https://www.mfa.gov.bn/Pages/br_Philippines.aspx，最后访问时间：2023 年 10 月 15 日。

② 《文莱与菲律宾签署避免双重征税协定》，〔文莱〕《婆罗洲公报》2021 年 7 月 20 日，转引自鄂企聚航网，https://hubei.investgo.cn/search/501432，最后访问时间：2023 年 10 月 15 日。

③ "Tax Agreement to Strengthen Economic Ties between Brunei and Philippines," BIMP-EAGA, August 6, 2021, https://bimp-eaga.asia/article/tax-agreement-strengthen-economic-ties-between-brunei-and-philippines，最后访问时间：2023 年 10 月 15 日。

展，特别是清真产品出口的发展和推广计划。文化也是两国元首较为重视的合作领域，而民众是两国文化交流的纽带。2017 年，菲律宾国家文化艺术委员会主席维尔吉利奥·阿尔马里奥与文莱首相府部长兼外交与贸易部第二部长林玉成签署文化合作协议，旨在促进文化艺术领域的合作，强化机构网络和民间交流。①双方愿在平等互利的基础上加强、促进和发展文化、艺术和遗产合作。许多菲律宾人在文莱工作，尤其是在建筑业、服务业，这种劳工移民现象促进了双方之间的人员往来。

防务上，两国的安全合作平稳持续，并将继续深化。2019 年 8 月末，文莱国防部第二部长对菲律宾进行正式访问。文莱和菲律宾之间的防务关系是其更广泛的双边关系的一部分。除了军事访问、交流和演习等常见的活动外，还有更多独特的方面，随着文莱国防部第二部长访问菲律宾，双方的防务关系再次成为热门新闻。根据文莱国防部发表的声明，在两国部长会晤期间，双方回顾了双边防务关系的现状，并就地区内外共同关心的一些安全问题交换了意见，包括东盟等多边机构的作用。文莱国防部第二部长前往菲律宾南部的棉兰老岛参观了大清真寺，并到哥打巴托市的文莱国际监测小组 1 号基地总部听取有关该地区最新局势、文莱参与情况以及当地独立退役机构（IDB）进展情况的简报。这次访问只是两国之间众多与安全相关的互动之一，在双方国家不断发展的背景下，双方将继续加强防务合作关系。

2023 年，菲律宾总统小马科斯表示，菲律宾和文莱需要联合，这对于维护印太地区的和平稳定具有重要作用。2024 年 6 月 19 日，

---

① "PH，Brunei Ink Agreements on Cultural Cooperation，Halal Industry during Sultan Bolkiah's State Visit，" President Communications Office，April 27，2017，https://pco.gov.ph/ph-brunei-ink-agreements-on-cultural-cooperation-halal-industry-during-sultan-bolkiahs-state-visit/，最后访问时间：2023 年 10 月 15 日。

文莱国防部高级代表访问了菲律宾位于奎松市阿吉纳尔多营的国防部（DND）总部。在 6 月 18 日至 20 日于马尼拉召开的马尼拉和斯里巴加湾市联合防务工作委员会（JDWC）第九次会议上，菲律宾重申了加强与文莱双边防务关系的承诺。菲律宾国防部副部长德莱昂赞扬了文莱通过国际监测小组（IMT）和独立退役机构（IDB）为建立棉兰老穆斯林邦萨摩洛自治区（BARMM）作出的重大贡献。他认为这次会议是推动两国 2001 年防务合作谅解备忘录实施的机会。

六　文莱与越南关系

在 1984 年文莱独立之初，越南就承认了文莱，并且积极与文莱建立外交关系。但那时的越南正在与柬埔寨交战，想要成为印度支那地区的霸主，因此文莱心存忌惮，直到 1992 年才正式与越南交往。自 2019 年 3 月文莱苏丹对越南进行国事访问之际建立全面伙伴关系以来，越南与文莱关系取得具有里程碑意义的新进展。

2000 年 6 月，文莱与越南签署关于成立双边合作委员会的谅解备忘录。2001 年 11 月，两国签署了海事和贸易合作协议以及旅游合作谅解备忘录。2005 年 11 月文莱国防部副部长访问越南期间签署了两国国防部合作谅解备忘录。2007 年 8 月越南总理阮晋勇访问文莱期间，两国签署了体育和青年事务、石油和天然气合作谅解备忘录以及避免双重征税协议。自 2007 年 8 月 1 日起，文莱对越南普通护照持有者免签证 14 天，自 2007 年 8 月 8 日起，越南对文莱普通护照持有者免签证停留两周。2013 年，越南在文莱成功试点水稻种植项目，协助文莱维护粮食安全。2014 年 10 月，文莱皇家航空公司正式开通胡志明市至斯里巴加湾市的直航服务。自此，越南成为较受文莱民众喜爱的旅游目的地，拉近了两国的距离。2017 年 4 月，越南农业和农村发展部工作代表团访问文莱初级资源与旅游部并举行工作会议，签署文莱专属经济区农业、海鲜加工和渔业合作协议。同样是

2017 年，两国举行庆祝建交 25 周年活动。越南与文莱双边合作委员会第一次会议由越南副总理兼外交部部长范平明和文莱首相府部长兼外交与贸易部第二部长林玉成共同主持。双方概述了加强经贸投资、国防安全、石油天然气、农业渔业、文化旅游、教育培训、劳务等领域合作的措施。文莱苏丹于 2019 年 3 月 26 日至 28 日对越南进行国事访问之际，越南和文莱发表关于建立越南 – 文莱全面伙伴关系的联合声明。两国领导人见证了越南农业和农村发展部部长同文莱初级资源与旅游部部长签署关于利用热线电话共享打击非法、不报告和不受管制（IUU）捕捞信息的谅解备忘录。双方同意充分利用自由贸易协定规定的市场准入激励措施，包括东盟东部增长区和湄公河次区域等潜力市场，为企业创造有利条件，促进企业间的联系，积极参与贸易博览会，并及时解决商业问题，实现互惠共赢。文越双方一致同意促进平衡和可持续的双向贸易，同意充分利用符合自由贸易协定的市场准入激励措施，以及包括文莱、印度尼西亚、马来西亚的前景广阔的市场——菲律宾东盟东部增长区和湄公河次区域，为企业创造有利条件，促进企业之间的联系，参加贸易展览会，及时处理商业问题，以造福双方。两国致力于在农业方面密切合作，特别是计划将禽肉、大米、新鲜蔬菜和水果、水产品等农副产品出口到全球伊斯兰市场。

2021 年，两国制定年度优先目标，特别是应对新冠疫情、落实《东盟宪章》、建设东盟共同体、提升东盟在次区域合作中的地位。2022 年，越南和文莱庆祝建交 30 周年。应文莱外交与贸易部第二部长拿督埃里万·佩欣·尤索夫邀请，越南外交部部长裴青山对文莱进行正式访问，并在斯里巴加湾市共同主持双边合作联合委员会第二次会议。会议期间，双方同意加快制定落实两国全面伙伴关系 2023—2027 年行动纲领。双方还计划安排领导人访问，落实已签署的协议，延长农业和渔业谅解备忘录有效期；承诺协调应对跨国犯罪、网络犯罪、恐怖主义等传统和非传统安全挑战；进一步开展移管被判刑人、打击犯罪等领域合作文件谈判；鼓励两国企业加强互联互通，促进供应来源和贸易结构多元化，寻求投资机会，特别是在农业、渔业、林业、能源业、加工业等有潜力的领域，以保障两国粮食安全和生产链。为了促进贸易更加平衡地发展，裴青山建议文莱为越南商品特别是符合清真标准的大米和水产品进入市场提供便利。时任越南国家主席阮春福希望文莱早日批准《全面与进步跨太平洋伙伴关系协定》（CPTPP），为两国合作创造新机遇。两国外长还同意在东盟框架内加强教育和人文交流合作，丰富旅游产品，鼓励航空公司考虑开通更多直飞航线，促进大学之间的合作。部长们就共同关心的地区和全球问题交换了意见，高度评价两国过去一段时间在地区和国际论坛特别是在东盟和联合国的密切有效协调，一致认为此类合作有助于增强东盟团结、维护地区和平稳定，并促进全球合作。[①]

七　文莱与老挝关系

文莱与老挝在 1993 年 7 月建交，建交后两国开始在教育、体育、贸易等领域开展合作。但直到 1997 年，文莱才在老挝首都万象设大使馆，老挝也在文莱首都斯里巴加湾市设大使馆，双方开始互派大使。这段友谊虽开始得晚，却也在两国的浇灌下逐渐生根发芽。

2022 年，老挝总统首次访问文莱。[②] 文莱苏丹接受了老挝人民民主共和国主席通伦·西苏里和夫人的访问。文莱苏丹高度认同文老现有合作领域的发展，以及为进一步加强文老两国友好关系探索新机遇。双方还一致认为，鉴于国际局势的不确定性，粮食安全和供应链密切相关，两国就此签署了两项协议。双方领导人高度赞赏访问期间

[①] 《越南——文莱的重要伙伴：苏丹哈吉·哈桑纳尔·博尔基亚》，Vietnam+ 网，2022 年 9 月，https://en.vietnamplus.vn/vietnam-an-important-partner-of-brunei-sultan-haji-hassanal-bolkiah-post236926.vnp，最后访问时间：2024 年 11 月 18 日。

[②] "Brunei, Laos Meterai dua MoU," Media Permata, 2022, https://mediapermata.com.bn/brunei-laos-meterai-dua-mou/，最后访问时间：2024 年 1 月 2 日。

举办的商业对接论坛，双方共同见证了两份谅解备忘录的签署仪式，老挝副总理兼外交部部长代表老挝政府同文莱初级资源与旅游部部长签署农业合作谅解备忘录，老挝能源及矿业部部长代表老挝政府同文莱财政与经济部第二部长签署能源领域的合作备忘录。①

2023 年对于文莱和老挝而言都极不平凡。文莱驻老挝大使馆于 2 月 23 日在万象举办了庆祝文莱第 39 个国庆日暨老挝与文莱建交 30 周年招待会。老挝副总理兼外交部部长沙伦赛，以及文莱驻老挝外交官和有关官员参加了活动。仪式上，文莱大使致辞，强调了文莱国庆日的意义和背景，并重点介绍了老挝和文莱建交 30 年来双边合作所取得的各项成就，指出了 30 年来两国友谊和良好合作不断得到有效加强。老挝副总理亲自感谢了文莱政府和民众多年来向老挝提供的支持和帮助及其为老挝经济社会发展作出的重要贡献。10 月 3 日，两国将关系升级为战略伙伴关系。在老挝人民革命党中央总书记、国家主席通伦·西苏里与文莱苏丹举行会谈时，双方互相通报了两国经济社会发展情况，高度评价两国政治关系，一致同意在地区和国际舞台上相互支持和相互交换意见。双方一致同意继续促进贸易和投资合作，特别是在交通运输服务、清洁农业、出口产品、能源、旅游等双方都有潜力的领域。值此机会，老挝人民革命党中央总书记、国家主席通伦·西苏里向文莱苏丹授予国家金质勋章，以表达老挝政府和人民对文莱苏丹 30 年来一直致力于培育和加强两国之间的合作关系和一直支持老挝的深深谢意。②一直以来，文莱在很多方面都支持

---

① "Brunei, Lao Sign MoUs on Agriculture and Energy Cooperation," The Bruneian, June 25，2022，https://thebruneian.news/2022/10/31/brunei-lao-sign-mous-on-agriculture-and-energy-cooperation/，最后访问时间：2024 年 11 月 18 日。

② 越通社：《老挝与文莱升级关系为战略伙伴关系》，〔越南〕人民军队网，2023 年 10 月 13 日，https://cn.qdnd.vn/cid-6130/7187/%E8%80%81%E6%8C%9D%E4%B8%8E%E6%96%87%E8%8E%B1%E5%8D%87%E7%BA%A7%E5%85%B3%E7%B3%BB%E4%B8%BA%E6%88%98%E7%95%A5%E4%BC%99%E4%BC%B4%E5%85%B3%E7%B3%BB-606772，最后访问时间：2023 年 12 月 31 日。

131

老挝的工作，包括 2012 年在老挝举办的亚欧首脑会议（ASEM-9）、2004 年和 2016 年在老挝举办的东盟峰会。同时文莱也大力支持老挝的人才培养和体育发展，帮助老挝修建多所学校。文莱还为老挝担任 2024 年东盟轮值主席国提供支持。未来，双方的关系将越来越好。

八 文莱与柬埔寨关系

2024 年 2 月，柬埔寨副首相兼外交与国际合作部大臣宋金达与文莱驻柬埔寨特命全权大使彭吉兰·卡斯米尔·汉·宾·彭吉兰·哈吉·塔希尔进行了会谈。双方回顾了 2022 年文莱苏丹对柬埔寨进行国事访问，以及建交 30 周年时柬埔寨国王诺罗敦·西哈莫尼、总理洪森和文莱苏丹互致信函等重要交流，并且重申致力于进一步促进柬埔寨和文莱在多领域的合作和双边关系的发展。1997 年 7 月，针对柬埔寨国内联合执政的人民党与奉辛比克党发生军事冲突的事件，文莱表示希望柬方保持克制，并支持东盟其他成员国提议无限期推迟柬埔寨加入东盟。柬埔寨于 1998 年 7 月举行大选，11 月 30 日成立以洪森为首相的第二届联合政府。1999 年柬埔寨加入东盟，从此柬埔寨与文莱的关系热络起来。

两国高层友好相处，怀揣真心。建交 30 周年之际，文莱外长艾瑞万致函柬埔寨外交大臣布拉索昆，对文莱与柬埔寨的关系表示满意，认为双边关系取得了重大进展，特别是在贸易、教育、技术援助、文化、青年和体育相关事项上。文莱外长表示，他欢迎任何进一步加强这些重要关系的机会，包括签署双边磋商谅解备忘录。柬埔寨外交大臣布拉索昆于 6 月 8 日致信文莱，感谢文莱政府和民众向柬埔寨提供的慷慨援助和持续支持，表示将在未来几年继续致力于与文莱外长密切交流，促进两国的合作。

双方多个领域的合作关系有所密切，潜力无限。30 年来，两国主要在贸易（特别是大米）、教育、技术援助、青年、体育和文化等领域进行合作，其他潜在合作领域包括国防、宗教、卫生和旅游。贸易方面，2022 年，文莱对柬埔寨出口额约为 1970 万美元，出口的主要产品是氮肥（1100 万美元）、石油气（870 万美元）和其他印刷材料（11400 美元）。从 2017 年至 2022 年，文莱对柬埔寨的出口额以年化率 88.8% 的速度增长，从 2017 年的 82.1 万美元增长到 2022 年的 1970 万美元。同年，柬埔寨向文莱出口了 1330 万美元，主要出口产品是大米（1290 万美元）、非针织男式衬衫（10.7 万美元）和非针织男式西装（9.08 万美元）。从 2017 年至 2022 年，柬埔寨对文莱的出口额以年化 30.1% 的速度增长，从 2017 年的 358 万美元增长到 2022 年的 1330 万美元。[①] 2022 年 11 月，文莱苏丹访问柬埔寨，柬埔寨国王西哈莫尼和首相洪森与文莱苏丹会面，并就广泛的合作进行了富有成果的讨论，双方表示将坚定致力于巩固友谊关系，加强国防与安全、贸易与投资、能源、教育和人力资源开发、文化、旅游、信息和通信技术以及公共卫生领域的双边合作。柬方鼓励文莱直接投资，共同发展农产品加工业和知识型产业，两国领导人也同意扩大在绿色经济和数字经济等新兴领域的合作。

2022 年 11 月，在第 40 届和第 41 届东盟峰会之后，文莱苏丹对柬埔寨成功担任东盟主席国表示祝贺，并表示相信柬埔寨过去一年的努力将为经济恢复作出贡献。此前，柬埔寨国王对文莱政府和民众在教育、社会和人道主义事务以及科技领域对柬埔寨的支持表示诚挚感谢。文莱苏丹多次对柬埔寨进行国事访问，是文柬之间长期密切的关系以及友谊、团结和双边合作延续的最好证明。

九 文莱与缅甸关系

文莱与缅甸建交于 1993 年，建交以来，文莱同其他东盟成员国

---

① 《文莱与柬埔寨贸易数据》，经济复杂性观察所网站，https://oec.world/en/profile/bilateral-country/brn/partner/khm，最后访问时间：2024 年 11 月 18 日。

坚持同样的观点，即对缅甸"建设性接触"。2014 年，文莱苏丹访问缅甸，两国的领导人讨论了农业和能源领域的合作，以及缅甸向文莱出口大米的前景，呼吁缅甸与文莱和谐共处。[①] 这是文莱苏丹继 1998 年首次访问缅甸后，再次到缅甸与缅方领导人会晤。两国在教育、卫生、劳工等领域合作密切。此外，双方还共同关注健康教育、技术援助以及人力资源开发合作。

2021 年 4 月，东盟领导人缅甸问题特别会议在印尼首都雅加达举行，东盟轮值主席国文莱任命其外交主管部长艾瑞万为东盟缅甸问题特使。[②] 缅甸特使的任务包括与缅甸军方及反对派各方对话，终结暴力，稳定局势，以及监督人道主义援助计划。同年 10 月 28 日，文莱苏丹在东盟峰会闭幕式上表示："对于这次会议，我们给了缅甸空间，同时坚定地维护东盟宪章中的原则，包括不干涉原则。"[③] 作为轮值国的这一年里，文莱积极地参与缅甸问题的调解，东盟缅甸问题特使艾瑞万多次与缅方进行沟通，但缅方态度坚决，直至文莱轮值结束，也未能实现对缅甸的访问。但是文莱一直以来都恪守不干涉内政原则，积极主动与缅方进行政治接触，为维护东盟内部团结贡献了能力范围内的最大力量，向世界各国展现了自己的能力，也为柬埔寨的接棒奠定了基础。

---

① "Brunei Sultan Meets Thein Sein on Burma Visit," *The Irrawaddy*, March 26, 2014, https://www.irrawaddy.com/news/latest-news/brunei-sultan-meets-thein-sein-burma-visit. html，最后访问时间：2023 年 9 月 26 日。

② 《文莱任命艾瑞万为东盟缅甸问题特使》，新华网，2021 年 8 月 4 日，http://www.xinhuanet. com/2021-08/04/c_1127730865.htm. 最后访问日期：2024 年 11 月 18 日。

③ 《文莱苏丹：缅甸是亚细安不可或缺成员 身份不因缺席峰会受质疑》，〔新加坡〕联合早报网，2021 年 10 月 29 日，https://www.zaobao.com.sg/news/sea/story20211029-1207998，最后访问时间：2024 年 11 月 18 日。

第三节 文莱与其他国家的交往

文莱与欧洲国家及美国、日本等国家虽地理距离较远，但关系良好，在经济、外交、文化、教育、旅游等方面展开了合作。文莱是英联邦和不结盟运动等国际组织的成员国，重视与英国、美国等大国的关系，同时也积极发展同其他国家的关系。

一 文莱与英国的特殊情谊

如前所述，文莱独立前是英国的"保护国"，外交事务完全由英国掌管。1984 年文莱独立后，两国依然在政治、军事、经济等多方面保持着紧密的联系。两国的双边关系通过经常性的互访与合作不断得到加强，特别是在国防和教育领域。

文莱同时是东盟与英联邦成员国，英国"脱欧"后，将文莱视为自身与东盟国家的纽带，双方的关系由此日渐紧密。经济方面，由于需要摆脱对油气行业的依赖，文莱大力寻求新的合作伙伴，而英国在"脱欧"后也需要加深与原合作伙伴的经济与商业关系，因此文莱与英国双方一致推进合作。2021 年 12 月，文莱苏丹与英国首相鲍里斯·约翰逊在举行双边会晤时，强调了文莱与英国之间特殊和密切的关系。在防务方面，文莱是英国非常信任的盟友，文对英的军队发展发挥着极其重要的作用。2022 年 9 月 10 日，文莱苏丹就英国女王伊丽莎白二世逝世向英国首相致信。文莱苏丹代表文莱公众向英国公众，特别是王室所有成员表示深切和诚挚的哀悼。

2022 年，文莱与英国关系更加紧密。在司法与教育方面，文莱的法律体系以（英国）普通法系为基础，教育体系也仿效英国。2022 年 8 月，英国贸易特使马克·卡尼尔访文，到达文莱后，英国特使与文莱商业精英及行业专家会面，共同探讨英国与文莱的双边合作，重点合作领域是金融、教育、能源。教育合作仍然是文莱与英国合作中一个非常重要的方面，英国仍然是文莱学生留学的主要目的地之一，目前约有 2000 名文莱人在英国学习。

二 一次抛锚结识美国

美国与文莱之间的故事开始于美国军舰"宪法号"1845 年 4 月 6 日在文莱湾抛锚。这次历史性访问使两国最终签订了自 1850 年以来一直有效的《和平友好通商和航海条约》。1865 年至 1867 年，美国曾短暂在文莱设立领事馆，1984 年 1 月 1 日文莱全国庆祝从英国独立。同一天，美国在文莱首都斯里巴加湾市中心设立大使馆。1984 年 3 月，文莱在美国华盛顿特区开设大使馆。1994 年 11 月 29 日文莱和美国签署了军事和防务合作谅解备忘录。该协议促成了两国之间的联合演习、训练计划和其他形式的军事合作，至今仍然有效。

2011 年 9 月 20 日，文莱外交与贸易部第二部长林玉成与美国助理国务卿库尔特·坎贝尔在华盛顿共同主持美国–文莱高级官员对话首次会议，该对话有助于进一步加强两国的战略伙伴关系。2012 年 9 月，美国国务卿希拉里·克林顿开始亚太六国之行，推动美国与东盟合作。在访问文莱期间，希拉里启动了美国–文莱东盟英语语言强化项目，在努鲁尔·伊曼王宫与王室成员共进晚餐，并同文莱外交与贸易部部长穆罕默德亲王殿下举行了双边会谈。2013 年 3 月，美国总统巴拉克·奥巴马在白宫迎接了文莱苏丹的到访，两国领导人均表达了两国致力于促进亚太地区和平与繁荣的承诺。访问期间，文莱苏丹还会见了美国国务卿约翰·克里和国防部部长查克·哈格尔，就双边伙伴关系的发展事宜进行了讨论。同年晚些时候，国务卿约翰·克里两次访问文莱，参加多场部长级和领导人级峰会。2014 年 10 月，美国武装部队的第一位成员毕业于文莱指挥与参谋学院，此后，该学院每年都招收一名美国学员。2015 年 11 月 30 日，文莱和美国官员参加了在英国伦敦举行的美国－文莱高级官员会议，这是2011年启动的高级官员对话的一部分。官员们讨论了美国和文莱如何进一步加强两国在安全和国防、贸易和经济等领域的双边合作以及区域合作。2016年2月15—16日，美国总统奥巴马在加利福尼亚州桑尼兰兹接待了文莱苏丹以及东盟其他各国领导人参加美国－东盟领导人特别峰会。这是美国－东盟领导人特别峰会首次在美国举行，各国领导人借此机会重申了指导东盟美国合作的关键原则。

2022年文莱与美国展开军事合作演习，寻求深化国防合作。美国和文莱皇家海军于10月24日至31日在文莱举行第28届年度海上合作准备和训练（CARAT）。2022年海上演习系列的首要目标是促进区域安全合作，维护和加强海上伙伴关系，并提高参与部队之间的互动性。[①]CARAT场景是美国根据每个东道国的投入量身定制的，目标是解决当前的共同海上安全问题。2022年，美国和合作伙伴在文莱CARAT 28周年之际，以此表明对加强整个南亚和东南亚关系的长期承诺，并突出美国地位。海军演习是美国对东盟主要合作伙伴的承诺，以加强东盟的中心地位。美国表示：美国和文莱的关系已经进入了第四个十年，双方将继续通过像这样的联合军事演习来确立伙伴关系。

美国国务院通过其教育和文化事务局开展了100多个项目，将国际参与者带到美国，并将美国人派往世界各地。文莱学子参加的项目包括富布莱特外国学生计划（Fulbright Foreign Student Program）、富布莱特美国－东盟访问学者计划（Fulbright US-ASEAN Visiting Scholar Program）、国际访问者领导力计划（IVLP）、东南亚青年领袖项目（SEAYLP)、东南亚青年领袖计划（YSEALI）、美国研究学院学

---

① Commander, "Task Force（CTF）71 Public Affairs: U.S. Navy Participates in Cooperation Afloat Readiness and Training Brunei 2002," An official Website of the United States Government, October 25, 2022, https://www.pacom.mil/Media/News/News-Article-View/Article/3199566/us-navy-participates-in-cooperation-afloat-readiness-and-training-carat-brunei/, 最后访问时间：2023年11月29日。

者计划（SUSI）、亚太安全研究中心计划（APCSS）以及大使馆提名的其他项目。来自文莱的 80 多名在美留学生参加了这些项目，并借此机会与其他人交流分享。美国驻文莱大使克雷格·艾伦在致辞中向校友们表示："我们深感骄傲，自 20 世纪 80 年代美国与文莱建立正式外交关系之初，就有校友们加入我们的行列。你们是美文两国间紧密而关键纽带的象征。我期望并坚信，你们参与美国的交流项目将进一步加深美国与文莱之间的友谊与合作。"①

三　优雅法国与祥和文莱

法国和文莱都曾是宗教传播的中心，不同的是法国在历史上是天主教的传播中心，而文莱是伊斯兰教的传播中心之一。两者在宗教上都发挥了一定的影响力。两国于 1984 年 5 月 8 日建立外交关系。1996 年，文莱苏丹首次对法国进行国事访问，促进两国官员互访。2024 年是文莱与法国建交 40 周年，文莱苏丹哈桑纳尔重申了文莱将致力于与法国密切合作，进一步扩大双边关系范围，将双方关系深化为战略伙伴关系。

与东南亚国家的贸易对法国非常有吸引力，因为该地区是世界新兴地区中增长可靠且稳定的地区之一，还在于法国与东南亚国家贸易方式的复杂性，东南亚地区每个国家处于不同的发展阶段，因而具有不同的结构和理念。法国公司也在探索石油和天然气行业的合作机会，寻求与文莱合作伙伴建立合资企业。在航空领域，文莱皇家航空公司与法航签署了为期 12 年的工程合作协议。②

文莱和法国之间的文化交流主要通过教育合作进行。法国在文化

①　"U.S. Embassy Celebrates with Brunei Alumni of U.S. Exchange Programs," U.S. Embassy in Brunei Darussalam, 2016, https://bn.usembassy.gov/u-s-embassy-celebrates-brunei-alumni-u-s-exchange-programs/，最后访问时间：2024 年 11 月 18 日。

②　"Brunei-France Relations," Wikipedia, https://www.wikiwand.com/en/Brunei%E2%80%93France_relations，最后访问时间：2023 年 9 月 3 日。

领域具有重要的影响力，拥有世界级的艺术、文学作品。法国举办的文化活动为文莱民众提供了一些学习和合作的机会。法国拥有一流的教育体系，吸引文莱学生前往法国留学。这种教育合作可以促进两国之间的人文交流，同时也能加深两国民众之间的了解，使两国民间交流始终保持活跃。

四　文德两国共同发展

文莱与德国建交于 1984 年 5 月 1 日。两国双边关系的重点是经济领域。由于德国不从文莱进口石油和天然气（2021 年文莱占该国出口总额的 70% 左右），两国贸易非常不平衡。德国向文莱提供广泛的工业产品和服务。目前两国间最重要的项目是蒂森克虏伯建设的化肥厂，该化肥厂的技术移交于 2022 年 12 月，移交仪式于 2023 年 2 月 25 日举行。[①] 此外，自 2008 年夏天以来，文莱持续派出政府资助的学生赴德国留学。文莱政府目前也向德国年轻人提供研究生奖学金，使他们能够在文莱的大学学习。目前文莱大学有 3 名德国讲师，主要教授数学、生物和历史。[②]

文德双方的高层互访频繁，两国关系势头良好。德国总理赫尔穆特·科尔于 1997 年访问斯里巴加湾市。文莱苏丹于 1998 年、2002 年、2011 年对德国进行国事访问，文莱王储于 2009 年访问德国。文莱外交与贸易部第二部长艾瑞万于 2022 年 9 月访问德国，两国就双边关系、地区问题和全球挑战进行会谈。德国联邦议院代表团于 2007 年 2 月和 2011 年 1 月访问文莱。2019 年，文莱教育部部长哈姆扎访问柏林，进行有关职业培训的演讲，包括在联邦教育和研究部演讲。

---

① "Germany and Brunei Darussalam: Bilateral Relations," Federal Foreign Office, February 15, 2024, https://www.auswaertiges-amt.de/en/aussenpolitik/bruneidarussalam/235588，最后访问时间：2024 年 3 月 3 日。

② "The Embassy of Brunei in Berlin," Berlin Global, July 10, 2010, https://www.berlinglobal.org/index.php?the-embassy-of-brunei-in-berlin，最后访问时间：2024 年 3 月 3 日。

文莱外交与贸易部第二部长于 2022 年 9 月 2 日访问柏林。

五　长期友好的文日关系

文莱与日本建交于 1984 年，两国一直保持正常外交关系，两国王室之间也保持着友好关系。在经济方面，文莱对日本的汽车、建筑设备、电子产品、家电依赖性较高。

建交以来，两国进行了高层互访，并签署了各种协议，以加强在贸易、投资、防务和文化等领域的合作。这些接触有助于增进相互理解、加强双边关系、促进地区稳定。文莱和日本在海洋安全、促进可持续发展、追求地区和平与繁荣等领域拥有共同利益。两国之间持续的政治对话反映了两国对保持合作和友好关系的承诺。2009 年，日本和文莱之间关于对所得避免双重征税和防止偷漏税的协定生效。2012 年 11 月东盟峰会在柬埔寨召开，两国借此机会举行了日本 – 文莱首脑会议。2013 年 10 月，日本首相访问文莱，再次举行双边峰会，同时参与了文莱作为 2013 年东盟轮值主席国主办的东盟峰会相关会议。①

日本是世界第四大经济体，而文莱以石油和天然气出口为主要经济支柱。尽管经济结构和规模存在差异，但双方仍然可以在经济领域开展合作。日本是文莱的贸易伙伴之一，同时也在能源和技术领域为文莱提供了合作机会。在石油和天然气行业，文莱有超过82% 的液化天然气销往日本，文莱每年向日本三大公用事业公司提供超过 500 万吨液化天然气。② 日本企业一直积极在文莱投资，并计

---

① "30th Anniversary of Japan and Brunei," Ministry of Foreign Affairs of Japan，January 25，2014，https://www.bn.emb-japan.go.jp/jbyear2014/jb2014_brochure.pdf，最后访问时间：2023 年 11 月 28 日。

② "Brunei-Japan Trade Relations," RTB News，February 23，2013，https://web.archive.org/web/20140308194613/http://www.rtbnews.rtb.gov.bn/index.php?option=com_content&view=article&id=8513:brunei-japan-trade-relations&Itemid=106，最后访问时间：2023 年 9 月 2 日。

划在石化和清真食品等其他领域开展新合作项目。① 两国还寻求在可再生能源和节能领域的合作，并热衷于扩大教育、农业和卫生领域的合作。②

自 1984 年两国建立外交关系以来，日本政府一直积极开展一系列文化交流项目，以增进文莱民众对日本文化的兴趣和了解。虽然文莱和日本的文化有很大的差异，但由于全球化和旅游等因素，人员往来促进了文化交流。日本驻文莱大使馆于 2022 年 12 月 10 日至 11 日在斯里巴加湾市时代广场购物中心举办"2022 年日本文化节"。为期两天的活动免费向公众开放，通过舞台表演和展示介绍日本传统和当代文化及生活方式，并推广日语。表演和展示包括大使馆主厨清水文宏的日本料理烹饪示范、主厨鹤冈稔的甜点制作示范、捣年糕活动、漫画比赛、日本流行舞蹈表演。活动期间，有各种游戏和美食，还有日本传统书法课程以及青少年交流项目简介会。

通过政府资助的交换生项目，两国之间的教育交流持续进行。此外，自 1985 年以来，文莱参加了东南亚青年船舶计划（SSEAYP）。20 世纪 90 年代，文莱的人员可通过日本国际协力机构的技术合作接受培训。2007 年，文莱参加了日本－东南亚交流网络、学生和青年计划（JENESYS 和 JENESYS 2.0），这些交流活动为日本和文莱两国年轻人增进相互了解提供了良好的机会，也为两国友好关系的发展作出了积极贡献。③

① "Brunei and Japan Uphold Strong Relations," Borneopost Online, May 14, 2013, http://www.theborneopost.com/2013/05/14/brunei-and-japan-uphold-dtrong-relations/, 最后访问时间：2023 年 9 月 2 日。

② "The Diplomat's J.T. Quigley Spoke with Kenichi Suganuma, the Japanese Ambassador to Brunei, about the Future of His Country's 30-Year Relationship with the Sultanate," The Diplomat, January 16, 2014, https://thediplomat.com/2014/01/kenichi-suganuma/, 最后访问时间：2023 年 11 月 28 日。

③ "Japan and Brunei, 30th Anniversary of Diplomatic Relations," Ministry of Foreign Affairs of Japan, January 25, 2014, https://www.bn.emb-japan.go.jp/jbyear2014/jb2014_brochure.pdf, 最后访问时间：2023 年 11 月 28 日。

第九章　中文友谊万古长

中国与文莱在古代往来密切，双方的交往与青花瓷密不可分。19世纪末，文莱沦为英国的保护国致使两国交往被迫中断，1984年文莱独立后，双方逐渐恢复了正常外交往来。1991年中文正式建交，两国在政治、经济、社会等领域的合作不断升级。海上青花故交共筑友谊之船，中文友好合作的篇章未完待续。

第一节　海上青花知故交

中国古籍中对文莱最早的记载见于《汉书》。[①]《汉书》中提及的都元国则为古代的文莱。[②]古籍中，文莱的称呼还有"婆利""婆罗""渤泥""佛泥"等。魏晋南北朝时期，中国和文莱拉开了官方正式往来的帷幕。公元6世纪后，文莱遣使进贡更加频繁，两国民间开始了贸易交流，中国的丝绸和陶瓷流入了文莱，深受当地民众喜爱。隋朝以后，两国交往的记录增多。据史料记载，唐朝末年中国史书将文莱称为"渤泥"，此后长期沿用该称呼。[③]

随着航海技术的发展，中国与文莱的海上贸易事业也不断繁荣发展，到了宋朝，中国与文莱的海陆贸易异常活跃。在今文莱首都斯里巴加湾市发掘的古墓中有一块中国墓碑，是迄今为止海外发现的最早

---

① 邵建平、杨祥章编著《文莱概论》，世界图书出版公司，2012，第271页。
② 王青：《历代中国与文莱的友好交往》，《东南亚》1998年第2期，第51页。
③ 马金案编著《文莱经济社会地理》，世界图书出版公司，2014，第119页。

的汉文碑铭，刻有"有宋泉州判院蒲公之墓 景定甲子男应甲立"字样。[①] 这块墓碑是 1972 年被发现的，"有宋"指的是南宋，"判院"是官衔，"蒲公"一说是宋绍定元年（1228）的进士蒲宗闵，一说为《宋史》中所指中国商人蒲卢歇。[②] 相传每当蒲卢歇到达渤泥，国王和民众都异常开心。渤泥国王也遣使到宋朝朝贡，贡献了象牙、龙脑（一种名贵香料，可入药）、檀香、玳瑁等。一来二去，渤泥国与宋朝时期的中国结下了深厚友谊。元朝后，两国通商已非常频繁。

明朝洪武三年（1370），明太祖遣使远赴渤泥，渤泥国王亦遣使访中，进贡了孔雀等新奇事物到中国。永乐年间，双方的关系空前友好。为何这般形容？因为在 1405 年的冬天，渤泥国王麻那惹加那乃遣使赴中国进贡土特产，明成祖朱棣封麻那惹加那乃为王（相当于今日的文莱苏丹），并赐印诰。麻那惹加那乃被封为王之后，于 1408 年携带王后、王子、亲属等扬帆北上抵达福建，在今南京亲自向明成祖朱棣朝谢，成为第一个到访明代中国的外国元首。但麻那惹加那乃到达南京数月后便不幸染病驾崩，彼时留下遗言，希望"体魄托葬中华"，明成祖将其葬于南郊安德门外石子岗（今南京市雨花台区），派专人看护祭祀，称渤泥国王墓。这段历史在文莱无迹可寻，但是被记录在中国史书之中，成为两国自古以来便情谊深厚的见证。

中国的古籍中，文莱被描述为"四海流通，交会万国"[③]的国家。中文双方的贸易因青花瓷而起。"青"作为青花瓷描画的原料，被中国官窑看重。明朝时的贸易往来带动了中文两国的文化交流，久而久之文莱人也开始欣赏中国服饰，喜欢中国的青花瓷。明代中国的商船曾经满载瓷器、铁器、铜器等驶向文莱，瓷器成为两国交往的使者，海上丝绸之路也成就了中国青花瓷在全世界的流行。

---

① 杨新华：《文莱：热带王国皇冠上的明珠》，南京出版社，2005，第 64 页。
② 杨新华：《文莱：热带王国皇冠上的明珠》，南京出版社，2005，第 65 页。
③ 《梁书》，中华书局，1973，第 797 页。

第二节　华人架起友谊桥

中国明朝嘉靖年间（1522 年后），文莱国力强盛，开疆拓土，势力范围一度拓展到了今沙巴、沙捞越、加里曼丹岛西北部的三发和坤甸，甚至是菲律宾的苏禄群岛。①但 19 世纪西方列强不断进行殖民扩张，英国在北加里曼丹成立了殖民公司，强占了文莱东北部的大片国土，即今马来西亚的沙巴州，1888 年文莱彻底沦为英国的"保护国"。几经分割，曾经幅员辽阔的文莱国面积仅剩 5765 平方公里。②由于文莱丧失了国家主权，中国与文莱的海上官方贸易被迫中断。在两国官方贸易中断的时期，华侨以民间商人、劳工的身份出现在文莱，维系着两国关系，延续了双方的情谊。

18 世纪前，每年有六艘来自宁波、厦门和广州的帆船以及两艘来自澳门的帆船驶抵文莱贸易，这些往返于中国东南沿海与文莱之间的中国帆船，大多是用文莱当地的木料（主要是龙脑树）建造的，其拥有者亦大多是当地的华人。③18 世纪后，文莱苏丹为了大力发展胡椒和橡胶产业，从中国大量招募劳工。据史料记载，当时有 3 万余名华人在文莱从事胡椒种植业工作，几乎垄断了当地的胡椒贸易。④胡椒作为香料受到百姓的欢迎，热销于中国的市场，文莱的百姓又喜欢中国的布帛，双方的贸易在促进经济发展的同时也满足了百姓的需求。华侨除了参与胡椒与橡胶的种植，还具备灵活的商业头脑，在很大程度上推动了文莱的经济发展和城市建设，使文莱当地流传着"华人是文莱城的建造者"的佳话。

---

① 马金案编著《文莱经济社会地理》，世界图书出版公司，2014，第 120 页。

② 王青：《历代中国与文莱的友好交往》，《东南亚》1998 年第 2 期，第 56 页。

③ John Crawford, *A Descritive Dictionary of the Indian Islands & Adjacent Countries*, Oxford University. Press, 1971, pp.68-70.

④ 李荣陵：《沙捞越人口及其聚落》，〔马来西亚〕《星洲日报》1986 年 7 月 19 日。

19世纪初，加里曼丹岛上的华侨人数多达15万人，但随着英国在文莱的殖民程度加深，文莱国土四分五裂，当地的华人数量锐减。文莱沦为英国的保护国后，居住在文莱的华人华侨就成为受英国殖民公司和英国殖民者詹姆斯·布鲁克家族统治的居民，因此大量华人为了谋生迁离文莱，在文华人锐减至约300人。[①]但勤劳勇敢的中国人不辞辛苦，往返奔波于中国与文莱之间，将中国先进的技术带到文莱，文莱的农业、手工业生产效率得到提升。中国的丝绸、陶瓷、药材等随着民间商人的往来流通到文莱民间，文莱的燕窝、胡椒等也从文莱出口到了中国，两国民众的交流深刻影响着彼此的经济生活，彼此的认可度不断提升。

独立后，文莱依托自然资源快速发展，成为今日的富裕国家，华人移民保持并加强了中国与文莱的联系。如今的文莱早已成为民族多元的国家，有相当数量的侨民。20世纪，壳牌集团在马来奕发现了石油，石油的勘探、开采及后续的产业链发展都对劳工有极大的需求量，因此许多华工被雇用，到当地专门从事石油开采和加工工作。为了生计，这些劳工移民至文莱发展。20世纪初华工的移民一度使文莱华侨人口比例达到最高，据统计，从1930年到1960年30年间，文莱的华侨数量由0.27万人上升至2.18万人。[②]文莱的华人主要集中在首都斯里巴加湾市、马来奕县、诗里亚镇、都东市，祖辈多来自厦门和广东。二战爆发前，英国殖民当局对土地开发和石油有大量需求，因此不限制华人出入文莱，但1949年之后，英国禁止了从中国大陆移民入文莱；1971年文莱实行内部自治后，华侨华人经济得到长足发展。华人社群在文莱建立了寺庙、宗祠、社团，传承了中国的传统文化。1984年文莱独立后，政府推行了经济多元化政策，在文华商的经营范围逐渐扩展至百货、建筑、投资、金融、保险等领域。在这段历

---

① 马金案编著《文莱经济社会地理》，世界图书出版公司，2014，第121页。
② 马金案编著《文莱经济社会地理》，世界图书出版公司，2014，第122页。

史中，华侨既凭借自己的智慧获得了经济利益，也为文莱的经济社会发展和文中关系的友好作出了卓越的贡献。

第三节　中文之交看今朝

1984 年文莱恢复国家主权后，中国国家主席和国务院总理分别向文莱政府表达了祝贺。顺应时代的发展，再续从前的缘分，在双方的共同努力下，1991 年 9 月 30 日，中国和文莱正式建立外交关系，两国关系的新发展就此开启。建交以来，双方高层往来频繁，经贸合作不断加强，科教文卫等领域的交流与合作也逐渐展开，中文友谊之船平稳前行，前路光明。

高层重视为友谊之船锚定航行方向。新的时代背景与国际形势对两国外交提出新要求。作为发展中国家，双方需要互惠互利的合作伙伴；中国在东南亚地区的和平发展中发挥的作用越来越明显。2013年，中国提出"一带一路"倡议，文莱与中国在国际事务与区域事务中的利益重合越来越多，双方合作的意愿更加强烈。十多年来，文中高层交往频繁，文莱苏丹哈桑纳尔先后 12 次访问中国、来华出席国际会议，中国国家主席习近平也访问文莱、出席会议。2019 年 4 月文莱苏丹哈桑纳尔来华出席第二届"一带一路"国际合作高峰论坛。2020 年 1 月，文莱外交主管部长艾瑞万、首相府部长兼财经主管部长刘光明来华同国务委员兼外长王毅共同主持召开中国文莱政府间联合指导委员会首次会议；中国国务委员兼外长王毅访问文莱，同文莱外交主管部长艾瑞万、首相府部长兼财经主管部长刘光明举行会谈并共同主持中文政府间联合指导委员会第二次会议。2020 年 2 月、3 月，国务委员兼外长王毅同文莱外交主管部长艾瑞万通电话。2021 年 6月，国务委员兼外长王毅会见赴重庆参加中国 – 东盟建立外交关系 30周年特别外长会的文莱外交主管部长艾瑞万；8 月、9 月，国务委员兼外长王毅同文莱外交主管部长艾瑞万通电话。2022 年 8 月，国务委员兼外长王毅在柬埔寨金边出席东亚合作系列外长会期间应约会见文莱外交主管部长艾瑞万。2023 年 7 月，中共中央政治局委员、中央外办主任王毅在雅加达出席东亚合作系列外长会期间应约会见文莱外交主管部长艾瑞万。

经济互助让友谊之船铆足前进动力。首先，文莱与中国在资源上互补。文莱的油气资源、森林资源、海洋资源、矿藏资源丰富，但人口较少，劳动力资源有限；而中国人口众多，劳动力资源相对丰富。其次，文莱过度依赖油气产业，导致产业结构常年单一，迫切需要发展多元经济，从而颁布了一系列优惠政策。① 中国受欧美贸易壁垒的影响，需要扩大与其他国家的双边贸易，而文莱的优惠政策有效促进了两国的双边贸易发展。2021 年是中国与文莱建交 30 周年，《婆罗洲公报》盛赞中国与文莱在"一带一路"倡议下的合作成果。

据中国商务部统计，2022 年中国企业在文莱新签承包工程合同14 份，新签承包工程合同额 5627 万美元，完成营业额 6829 万美元。累计派出各类劳务人员 86 人，年末在文莱劳务人员 202 人。2022 年中文双边货物贸易额达 30.8 亿美元，同比增长 7.5%。其中，中国对文莱出口额 8.3 亿美元，同比增长 30.4%；自文莱进口额 22.5 亿美元，同比增长 1%；中国对文莱直接投资 416 万美元；截至 2022 年末，中国对文莱直接投资存量 1.04 亿美元。② 恒逸实业（文莱）有限公司一直以来都对推动文莱经济发展发挥着积极作用，恒逸（文莱）PMB石油化工项目是首个全面执行中国标准的海外大型石化项目，是公司实现产能国际化布局、实践中国"一带一路"倡议的首个民营炼化项

---

① 汪诗明：《论文莱多元经济发展之路》，《东南亚研究》2004 年第 5 期，第 39 页。

② 商务部对外投资和经济合作司、商务部国际贸易经济合作研究院、中国驻文莱大使馆经济商务处：《对外投资合作国别（地区）指南：文莱》（2023 年版），中华人民共和国商务部网站，2024 年 4 月，https://www.mofcom.gov.cn/dl/gbdqzn/upload/wenlai.pdf，第 34—35 页，最后访问时间：2024 年 11 月 15 日。

目，得到中文两国政府的一致支持。2022 年该项目斩获了国家级工程大奖——中国建筑行业最高奖项"鲁班奖"。[①] 2023 年 11 月 8 日，恒逸实业（文莱）有限公司与文莱石油管理局、文莱经济发展局签署大摩拉岛（PMB）石化项目二期工程实施协议，标志着这一项目进入新阶段。该项目致力于推动文莱下游产业的发展，旨在通过衍生效应激发更多商业潜力，并为实现"文莱 2035 宏愿"贡献力量。预计项目将新增 2256 个就业岗位，其中本地员工的比例初期目标定于 50%，这无疑将大力推动文莱社会经济的进一步发展。[②]

文化交流为友谊之船点缀绚丽色彩。2021 年是文中建交 30 周年，12 月 28 日，双方在线上举办了民间交流会。中国东盟协会会长顾秀莲以预录视频方式出席，中国驻文莱大使于红、中国人民对外友好协会副会长姜江、文莱驻华大使拉赫玛尼、文莱文化青年与体育部代常秘诺克哈尔比博士和文莱 – 中国友好协会会长陈家福等出席。[③] 2022 年 12 月 16 日，由文莱 – 中国"一带一路"促进会主办的"中国日"文化交流活动在文莱国际会展中心盛大召开。这次"中国日"活动不仅设置了武术、书法、茶艺和美食等中华文化活动，还展示了品类繁多的两国产品，现场安排滚动播放"新时代中国的非凡十年"图片，为发展两国经贸合作、增进民众相互了解提供了平台。活动吸引了文莱政府官员、当地民众及各国驻文莱使节等 6000 余人次参加。[④]

---

① 《恒逸石化股份有限公司 2022 年年度报告》，恒逸石化股份有限公司网站，2023 年 4 月，https://file.finance.sina.com.cn/211.154.219.97:9494/MRGG/CNSESZ_STOCK/2023/2023-4/2023-04-20/9018283.PDF，最后访问时间：2024 年 11 月 18 日。

② 《重磅！恒逸文莱项目签署二期工程实施协议》，浙江恒逸集团有限公司网站，2023 年 11 月，http://www.hengyi.com/news/html/?1214.html，最后访问时间：2024 年 11 月 18 日。

③ 《于红大使出席文莱中国建交 30 周年线上民间交流会》，中华人民共和国驻文莱达鲁萨兰国大使馆网站，2021 年 12 月 29 日，http://bn.china-embassy.gov.cn/sgxss/202112/t20211229_10476853.htm，最后访问时间：2024 年 1 月 7 日。

④ 《文莱"中国日"文化交流活动圆满落幕》，中国一带一路网，2022 年 12 月 19 日，https://www.yidaiyilu.gov.cn/p/297384.html，最后访问时间：2024 年 1 月 7 日。

此外，在教育合作方面，文莱的华文教育已经有接近 100 年的历史。古时华人华侨为文莱带来了中华文化。为促进文莱教育的发展，文莱政府资助华文教育。马来西亚星洲网报道，截至 2020 年，文莱共有 8 所华文学校，其中 5 所为小学，另外三所则提供幼儿园至中学的华文教育。^① 办学最为出名的是文莱中华中学。作为文莱历史最悠久、规模最大、师生人数最多的华文学校，文莱中华中学在汉语教学和中华文化的传承方面独具特色。为了激发学生对汉语学习的兴趣，学校经常举办汉语歌曲比赛、书法比赛、中国舞比赛和猜谜语、舞狮等活动，文莱社会各界对这所学校的认可程度都较高。

2023 年 8 月 19 日，驻文莱大使肖建国在文莱中华中学出席"2023 年中华文化大乐园——文莱营"开营仪式。这次活动为期 12 天，以传播中华文化为主题，旨在增进海外青少年对中华文化的了解和兴趣，来自四川的 12 名优秀教师先后在斯里巴加湾市和马来奕县与当地华裔和友族青少年就华文、武术、音乐、舞蹈、书法、绘画、传统手工艺等中华文化课程开展交流互动。^② 在影视媒体方面，文中双方的合作颇多。文莱国家广播电视台（RTN）派遣了一支摄制组到中国拍摄渤泥王麻那惹加那乃访华 600 周年纪录片，旨在宣传两国悠久的交往历史；文莱 – 中国友好协会赞助文莱电视摄影队赴沙巴古达拍摄中国古代沉船遗迹，重现中国与文莱古代交往的历史；文莱苏丹 63 岁华诞时，由文莱博物馆、历史中心和文莱电视台合作制作的文莱 – 中国友谊轨迹专题节目正式播出。^③

---

① 《文莱华校：自强不息　致力推广中华文化》，中国侨网，2020 年 6 月，https://www.chinaqw.com/hwjy/2020/06-01/258575.shtml，最后访问时间：2024 年 11 月 18 日。

② 《驻文莱大使肖建国出席"2023 年中华文化大乐园——文莱营"开营仪式》，中华人民共和国驻文莱达鲁萨兰国大使馆网站，2023 年 8 月 20 日，http://bn.china-embassy.gov.cn/sgxss/202308/t20230820_11129264.htm，最后访问时间：2023 年 11 月 30 日。

③ 马金案编著《文莱经济社会地理》，世界图书出版公司，2014，第 133 页。

参考文献

一 中文文献

程成、李雪、洪铠邦:《文莱金融发展与经济增长的关系研判——基于资源依赖型国家视角》,《区域金融研究》2020 年第 3 期。

戴渝龙:《"陆地换海洋": 文莱与马来西亚解决领土争端研究》,《东南亚研究》2019 年第 6 期。

刘新生:《中国与文莱友好关系回眸》《当代亚太》2000 年第 10 期。

刘新生:《天堂秘境——文莱》,上海锦绣文章出版社,2010。

刘新生:《文莱独特的外交政策》,《南洋资料译丛》2016 年第 3 期。

刘新生:《文莱独特的政治与外交: 以小窥大》,《东南亚纵横》2016 年第 5 期。

刘新生:《文莱:海上新丝路的好伙伴》,《时事报告》2016 年第 9 期。

刘新生:《文莱: 在油气利益驱动下的"中立外交"政策》,《国际问题研究》2017 年第 3 期。

刘新生主编《中国和文莱的故事》,五洲传播出版社,2017。

刘新生:《中国与文莱共建"一带一路"的新思考: 基于共同发展利益》,《国际问题研究》2019 年第 5 期。

刘新生、潘正秀:《和平之邦 一方乐土——出使文莱琐记》,江苏人民出版社,1998。

刘新生、庄贝思:《文莱的"向东看"政策及其对中企"走出去"的影响》,《国际问题研究》2018 年第 6 期。

马金案编著《文莱经济社会地理》，世界图书出版广东有限公司，2014。

马金案、游悠：《文莱华侨华人参与共建"一带一路"倡议的现实基础、实施进展与路径优化》，《东南亚纵横》2023 年第 5 期。

闵申：《文莱中文教育百年发展的经验与启示》，《云南师范大学学报》（对外汉语教学与研究版）2022 年第 6 期。

潘艳勤、云昌耀：《当代中国 – 文莱的经贸合作与人文交流：一个初步的研究》，《东南亚纵横》2018 年第 6 期。

邛古阿诗韵：《"一带一路"背景下中国与文莱的人文交流路径研究》，《新西部》2019 年第 27 期。

邵建平、杨祥章编著《文莱概论》，世界图书出版公司，2012。

唐慧、张向辉、廖娟凤：《文莱文化概论》世界图书出版公司，2014。

吴海霞：《共建"一带一路"倡议：中国 – 文莱经贸合作进展与前景》，《东南亚纵横》2023 年第 4 期。

新华社：《携手谱写中国同文莱关系新华章——习近平在文莱媒体发表署名文章》，《中华人民共和国国务院公报》2018 年第 34 号。

赵付文等：《文莱渔业发展概况及中国 - 文莱渔业合作前景》，《热带农业科学》2021 年第 4 期。

二 英文文献

Chia, Sue-Ann, ed., *Winning Hearts and Minds: Public Diplomacy in ASEAN*, Singapore: World Scientific, 2022.

Chin, Shirley Wei Lee, Noor Hasharina Hassan & Gabriel Yv Yong, "The New Ecotourists of the 21st Century: Brunei as a Case Study", *Cogent Social Sciences*, Vol. 9, No. 1, 2023.

De Vienne, Marie-Sybill, "The Chinese in Brunei: From Ceramics to Oil Rent", *Archipel*, Vol. 82, No. 1, 2011.

De Vienne, Marie-Sybill, *Brunei: From the Age of Commerce to the 21st Century*, Singapore: NUS Press, 2015.

De Vienne, Marie-Sybille & Jeremy Jammes, "China's Maritime Nexus in Southeast Asia: Economic and Geostrategic Challenges of the Belt and Road Initiative in Brunei", *Asian Survey*, Vol. 60, No. 5, 2020.

Sharbawi, Salbrina, David Deterding & Nur Raihan Mohamad, *Brunei English: A New Variety in a Multilingual Society*, Dordrecht: Springer, 2013.

Gin, Ooi Keat, *Brunei-History, Islam, Society and Contemporary Issues*, London & New York: Routledge, 2015.

Gin, Ooi Keat & Victor T. King, *Routledge Handbook of Contemporary Brunei*, London & New York: Routledge, 2022.

Jetin, Bruno & Julien Chaisse, eds., *International Investment Treaties and Arbitration Across Asia*, Leiden And Boston: Brill Nijhoff, 2018.

King, Victor T. & Stephen C. Druce, *Origins, History and Social Structure in Brunei Darussalam*, London: Routledge, 2020.

Lall, Ashish, ed., *Facets of Competitiveness: Narratives from ASEAN*, Singapore: World Scientific, 2011.

Liang, Ying, ed., *China–ASEAN Relations: Cooperation and Development Volume 2*, Beijing: China Social Sciences Press / Singapore: World Scientific, 2020.

Meesomboonpoonsuk, Suwannarat, "A New Phase of Informal Diplomacy: The Image of Taiwan in ASEAN Countries", *Thai Journal of East Asian Studies*, Vol. 26, No. 1, 2022.

Mukoyama, Naosuke, "Colonial Origins of the Resource Curse: Endogenous Sovereignty and Authoritarianism in Brunei", *Democratization*, Vol. 27, No. 2, 2020.

Qi, Huaigao, & Song Xue, eds., *Cooperative Development in the South China Sea*, London: Routledge, 2020.

Sari, Marina Ika, "Natural Resources Contribution in Defense Diplomacy: A Case Study of Brunei Darussalam", *Jurnal Pertahanan dan Bela Negara*, Vol. 9, No. 2, 2019.

Saunders, Graham, *A History of Brunei*, London: Routledge, 2013.

Singh, Daljit & Malcolm Cook, eds., *Southeast Asian Affairs 2019*, Singapore: ISEAS Publishing, 2019.

Singh, Daljit & Malcolm Cook, eds., *Southeast Asian Affairs 2021*, Singapore: ISEAS Publishing, 2021.

Trigger, David & Siti Norkhalbi Haji Wahsalfelah, "Indegeneity in Society and Nature: The Ambiguous Case of Brunei", *Janang: Jurnal Akademi Pengajian Brunei*, Vol. 1, No. 12, 2011.

Ullah, AKM Ahsan & Asiyah Az-Zahra Ahmad Kumpoh, "Diaspora Community in Brunei: Culture, Ethnicity and Integration", *Diaspora Studies*, Vol. 12, No. 1, 2019.

三　主要网站

国际货币基金组织网站，https://www.imf.org

国际贸易管理局网站，https://www.trade.gov

联合国粮食及农业组织网站，https://www.fao.org

世界银行网站，https://data.worldbank.org

世界知识产权组织网站，https://www.wipo.int

文莱交通和信息通信部网站，https://www.jpd.gov.bn

文莱教育部网站，https://www.moe.gov.bn

文莱经济规划与统计局网站，https://deps.mofe.gov.bn

新华网，http://www.xinhuanet.com

越通社网站，https://link.gov.vn

中华人民共和国驻文莱达鲁萨兰国大使馆经济商务处网站，http://bn.
　　mofcom.gov.cn

中华人民共和国外交部网站，http://bn.china-embassy.gov.cn

后 记

本书全面而系统地剖析了文莱的自然地理风貌、悠久历史、行政区划、政治格局、经济态势、社会结构、文化底蕴、科技发展以及外交政策等多个维度的内容，精心融会了国内外前沿的研究成果，广泛搜集并整合了最新的数据信息，对九个章节进行了精心编排，旨在以生动流畅的笔触给读者带来愉悦的阅读体验。

在本书的编纂过程中，我们得到了多位优秀学者的鼎力支持。来自中国（昆明）南亚东南亚研究院的研究实习员马梦婧主要负责第四、第五章的撰写工作；广西壮族自治区防城港市防城区珠河街道办事处副主任高翔在第六章中倾注了独特见解；文莱大学的赵凯莉博士慷慨提供了大量珍贵的文莱实地照片，为本书增添了直观生动的视觉元素。此外，云南师范大学的博士研究生张建鹏、葛旭瑞与硕士研究生黄雨，分别针对文莱外交领域与自然地理、人口构成等方面搜集了详尽资料，为本书内容的丰富性和准确性作出了重要贡献。

本书的编撰深受前辈学者研究成果的启迪与影响，这些宝贵的知识财富为本书的顺利完成奠定了坚实的基础。在此，我们向所有给予指导和帮助的前辈学者表示最深切的感激之情！

鉴于本书编撰团队主要由年轻的研究人员组成，我们深知在经验与能力上尚有诸多不足，文稿中难免存在疏漏或细微差错。因此，我们怀着谦逊之心，诚挚邀请业界前辈、同行专家及广大读者不吝赐教，您的宝贵意见将是我们不断进步的动力源泉。

　　我们衷心期盼通过本书，能够进一步促进中国与文莱两国之间的友好交流与合作，愿中国与文莱两国的友谊之树根深叶茂，人民友谊之花绚烂绽放！

编著者

2024 年 9 月 9 日于云南昆明

图书在版编目（CIP）数据

文莱：热带雨林中的翡翠王国 / 陈茜等编著．
北京：社会科学文献出版社，2025. 6. --（区域国别研
究）. -- ISBN 978-7-5228-5078-8

Ⅰ. K934.4

中国国家版本馆 CIP 数据核字第 2025H5P745 号

区域国别研究·通识系列

文莱：热带雨林中的翡翠王国

编　著 / 陈　茜　等

出 版 人 / 冀祥德
组稿编辑 / 张晓莉
责任编辑 / 宋　祺
文稿编辑 / 卢　玥
责任印制 / 岳　阳

出　　版 / 社会科学文献出版社·区域国别学分社（010）59367078
　　　　　　地址：北京市北三环中路甲29号院华龙大厦　邮编：100029
　　　　　　网址：www.ssap.com.cn
发　　行 / 社会科学文献出版社（010）59367028
印　　装 / 三河市龙林印务有限公司

规　　格 / 开　本：787mm×1092mm　1/16
　　　　　　印　张：11.5　插　页：0.5　字　数：150千字
版　　次 / 2025年6月第1版　2025年6月第1次印刷
书　　号 / ISBN 978-7-5228-5078-8
定　　价 / 69.00元

读者服务电话：4008918866